KB158087

주문하신 인생 한 그릇
나왔습니다

주문하신 인생 한 그릇 나왔습니다

1판 1쇄 발행 2022년 9월 29일

지은이 | 임성주

펴낸이 | 이동국 디자인 | 기민주 펴낸곳 | (주)아이콤마

출판등록 | 2020년 6월 2일 제2020-000104호

주소 | 서울특별시 서초구 사평대로 140, 비1 102호(반포동, 코웰빌딩)

이메일 | i-comma@naver.com

블로그 | https://blog.naver.com/i-comma

ISBN 979-11-970768-7-9 03320

주문하신
인생 한 그릇
나왔습니다

인생 밑바닥에서
단돈 350만 원으로 창업해
인생 역전을 이루기까지

임성주 지음

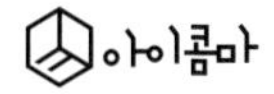

들어가며

감사하게도 나는 이제 어느 정도 자리를 잡은 자영업자가 되었다. 흔히 말하는 수백억 자산가라는 등의 높은 기대치로 본다면 성공한 사람은 아니지만, 창업할 당시 자본도 식당 운영 경험도 없었던 나로서는 쉽지 않은 일을 해냈다고 생각한다. 당연한 이야기지만 사업가는 돈을 잘 벌어야 한다. 누구는 식당을 창업해서 1년 이내에 손익분기를 돌파한다면 매우 대단한 것이라고 이야기한다. 그러나 나는 그 의견에 반대한다. 왜 1년이나 고생해야 할까? 정말 1년이나 걸려야 하는 걸까?

직접 운영을 해보니 오픈한 모든 매장이 평균 1개월(최소 2주, 최대 2개월) 만에 손익분기를 돌파했다. 프랜차이즈가 아닌 독립 점포로 창업한 가게들에 나의 요리를 전수해 주기도 했다. 그들 역시 대부분 부족함 없이 돈을 잘 벌고 있다. 작은 가게로 시작해 코로나 시국에도 계속 매출이 늘어나는 가게도 있다. 해보니 알 것 같았다.

장사는 쉬운 게 아니란 걸. 돈을 벌지 못할 거면 처음부터 시작하질 말아야 한다는 걸.

사업에는 수많은 위기가 닥친다. 요식업은 특히 더 그렇다. 코로나 팬데믹은 말할 것도 없고, 툭하면 유행하는 조류독감, 돼지열병 등이 사장님을 괴롭힌다. 그 오랜 세월의 풍파를 이겨내며 한 자리를 지켜온 노포들을 보고 있자면 존경심마저 인다. 나는 매장을 많이 오픈하지 않는다. 흔히 이야기하는 프랜차이즈 개업 등은 나에게는 먼 이야기였다. 최근 다양한 메뉴 개발과 사업 다변화를 꾀하고 있지만, 어디까지나 가장 중요한 것은 현재 내가 운영하는 내 작은 가게다. 그동안 요리에도 사업에도 고집스럽게 원칙을 지켜온 탓인지 다행히 코로나 시국에도 죽지 않고 살아남았다.

누구나 기구한 사연 한두 개쯤은 가지고 있지만 나는 좀 특이한 케이스다. 어린 시절, 시골 가는 길에 고속도로 옆에서 보았던 잠원동 설악 아파트를 보며 '우리는 언제 저런 집에서 살 수 있을까?'라며 작은 꿈을 꾸셨던 부모님. 부모님은 꿈을 위해 열심히 노력하셨고, 마침내 그 꿈은 내가 6살이 되던 때 당시 서초구 잠원동 소재 아파트를 구입하며 결국 현실로 이루어졌다. 아버지의 사업은 점점 성장했다. 80년대 후반부터 매월 1천만 원 정도를 어머니께 생활비로 드렸으니 꽤 풍족했었다. 우리 집에는 유명한 음식점에 계셨던 이모님이 가정부로 입주하여 어머니 대신 살림을 맡아주었다.

부모님의 사업 성공으로 나는 부족함 없이 자랄 수 있었다. 그

뒤에는 든든한 백이었던 아버지의 화려한 성공이 있었기 때문이다. 그러나 애석하게도 지금은 아니다. 그 든든한 백이 완전히 사라진 후 인생의 밑바닥에서 그 흔했던 돈 한 푼 없이 다시 사업을 시작해야 했으니까. 젊은 나이에 부자와 가난뱅이, 천국과 지옥을 오간 세월을 보낸 덕에 인생을 바라보는 가치관도 많이 바뀌었다.

누구나 실패를 한다. 누군가의 삶이 담긴 이야기는 살아갈 힘이 된다. 아직 성공을 말하기엔 한참 멀었다. 그래서 기쁘게도 여전히 꿈꾸며 바쁘게 살고 있다. 단돈 350만 원으로 창업해 이만큼 올 수 있었던 건 모두가 꾸준히 가게를 찾아주시는 손님들 덕이다.

누군가는 실패했을 때의 나와 비슷한 처지일 수도 있고, 누군가는 장사라곤 해본 적도 없던 초짜 시절의 나와 비슷한 상황일 수도 있다. 그래서 부끄러움을 무릅쓰고 이렇게 내 아주 작은 가게의 시작과 성장에 관한 이야기를 세상에 내놓게 되었다. 끝끝내 놓지 않았던 한줄기 희망이 내 삶을 구원했듯, 나도 누군가에게 희망의 증거가 될 수 있기를 바라며.

자영업이 힘들다고 한다. 아마 90% 이상은 이런 이유 때문일 것이다. 사장님을 위하는 척만 하는 프랜차이즈 본사의 착취, 플랫폼의 착취. 그렇다고 나만의 독립 점포를 꾸려가자니 막막하다. 어렵게 가게를 차려도 문제다. 건물주의 갑질, 상도를 망각한 출혈 경쟁을 이겨가야 한다.

그럼에도 여전히 내 작은 가게가 가장 좋은 시작이다. 나만의 가게를 차리고, 일한 만큼 오롯이 나의 수입으로 가져가며, 행복한 삶을 꾸려가는 것. 충분히 할 수 있다. 해보니 할 수 있겠더라. 평생 장사를 해보지 않았더라도 말이다. 그리고 그 방법을 나누고 싶었다. 이 작은 가게 이야기가 독자 여러분의 삶과 닿기를… 희망을 찾는 재기의 발판이 되기를. 독자 여러분께 털어놓는 동네 괴짜 요리사의 이야기는 여기서부터 시작된다.

· 차례 ·

3장 | 작은 가게에 맞는 상권은 따로 있다

4장 | 작은 가게에는 작은 가게만의 전략이 있다

5장 | 소자본 저위험 창업 성공 스토리

| 1장 |

창업은
인생을 담는
그릇이다

드르륵 드르륵….

한여름에 땀을 뻘뻘 흘리며 아이스박스를 끌고 가는 남자,

그 옆에서 함께 걸어가는 여자.

신나서 폴짝폴짝 뛰며 둘을 따라가는 양 갈래 머리를 한 아이까지.

이마에 맺은 땀을 닦으며 남자와 여자가

즐거운 듯 이야기 나눈다.

"우리가 뭐라고 이렇게 구매해 주시고… 참 감사하지?"

"그러게, 덕분에 이번 달 생활비에 보탤 수 있겠어."

나의 장사 인생은 이렇게 시작되었다.

사업이 망했다 그것도 쫄딱

● 과거의 인기 드라마 〈제빵왕 김탁구〉와 디즈니 명작 영화 〈라이온 킹〉을 기억한다면 부유했던 지난 삶은 마치 두 작품을 절묘하게 섞어 놓은 것 같았다. 뭐 아주 비슷하진 않지만, 회사를 물려받지 못하도록 방해하는 사람들의 이야기는 〈제빵왕 김탁구〉를 닮았고, 내가 가진 모든 것을 뺏으려는 막장 중의 막장은 〈라이온 킹〉을 닮았다.

〈라이온 킹〉은 얼마나 닮았느냐고? 심바의 아버지가 죽은 것만 제외하자면 똑같다. 심바를 쫓아내고 왕의 자리를 차지하려는 삼촌 '스카'가 있었고, 어려운 가운데 나에게 힘이 되어 주었던 '티몬과 품바'가 있었다. 또 내가 정신 못 차리고 있을 때 나의 정체성을 다시 일깨워준 아내는 극 중 '날라'와 같다. 그냥 영화 줄거리가 내 인생을 패대기친 그 이야기라고 보면 얼추 맞겠다.

빈농의 아들로 태어나 성실함 하나로 업계에서 이름만 대면 다 아는 알토란 같은 중소기업을 일궈낸 임 회장의 아들. 대기업 재벌 같은 삶은 아니었지만 하고 싶은 건 다 할 수 있었고, 배우고 싶은 건 다 배울 수 있었다.

1985년, 내 나이 6살(만 4세), 친구들이 놀이터에서 놀며 어린 시절의 추억을 쌓아갈 때, 나는 주산 학원에서 주산 1단 과정을 다 마쳤다. 학원은 다섯 곳을 다녔다. 요즘은 평범하다지만, 5살에 한글을 모두 쓰고 읽을 수 있었고, 7살에는 영어로 제법 말을 할 줄 알았다.

공부를 잘해야 했다. 어머니가 원하는 성적은 굉장히 높았고, 그 성적이 나오지 않으면 참 많이 맞았다. 맞기 싫어서 공부를 했다. 학교에서 돌아오면 어머니는 집에 계시지 않았다. 항상 밖에서 사람들을 만나시느라…. 내가 집에 돌아오면 나를 반기는 건 내가 할머니라고 부르는 가사 도우미뿐이었다.

유년기부터 시작하여 초등학생 시절까지, 어머니는 내게 어린아이의 순수함 대신 성숙한 어른의 모양새를 원하셨다. 어머니가 원하는 대로 하다 보니 친구들과 어울리는 게 쉽지 않았다. 친구들 사이에서 영악하고 나쁜 아이가 되어야 어머니가 만족하는 아들이 될 수 있었다. 그때 그런 게 어린아이답지 않다는 걸 알았더라면 나의 어린 시절은 지금보다 훨씬 더 풍성해졌을까?

중학생, 고등학생 시절을 지나며 인생의 공허함을 참 많이 느꼈다. 무언가 열정적이지 않아도 나의 삶은 평생이 보장되어 있었고 노력하지 않아도 꽤나 높은 곳에 올라갈 수 있었다. 나는 그저 아버지가 만들어 놓은 높은 언덕에 서 있었을 뿐인데, 그 언덕을 내가 만들었다고 생각했다.

대학생이 되어서도 별반 다를 건 없었다. 친구들은 등록금과 생활비를 벌기 위해 아르바이트를 뛰며 학업을 이어갔지만, 나에겐 그런 제약이 없었다. 내가 하고자 하는 것을 할 수 있었고, 더 많은 것을 보고 넓은 세상을 경험할 수 있는 경제적 자유가 있었다.

유일한 단점은 우리 집이 딱히 화목하지 않았다는 점. 집에 돈이 많다고 화목한 것은 아니더라. 나는 그래서 항상 화목한 가정을 꿈꿨다. 부모의 욕심 없이 아이를 아이답게 키우고 싶었고, 아내와 좋은 관계를 유지하며 함께 희로애락을 나누는 삶을 꿈꾸었다. 그런 꿈을 얻은 것으로 나의 한 시절은 저물어 갔다.

성인이 되기 직전인 고등학교 3학년, 내 인생은 폭풍우 속에 휘말릴 준비를 하고 있었다. 아니, 내가 몰랐던 시절까지 포함한다면 훨씬 이전인 초등학교 2학년 때부터 내 인생의 푸른 언덕은 점점 메말라가며 삭막한 광야로 변하고 있었다.

나는 아버지가 잘 일궈 놓은 회사가 당연히 나의 것이 될 것으로 생각했다. 어릴 적 친구들이 대통령, 과학자 등을 꿈꿀 때 나는 사업가를 꿈꿨다. 내가 회사에 들어가서 일을 배우고 아버지의 일을 이어 한다는 것은 내가 유년기부터 갖고 있던 소망이었다. 어린 시절, 가난에도 불구하고 맨손으로 경제적 자유를 일궈낸 아버지는 나의 롤모델이었고, 아버지가 일군 사업을 물려받아 더 크게 성장시키겠노라 다짐했다.

그러나 인생이 어디 그렇게 맘대로 되던가? 나는 경영권을 향한 암투 등은 대기업에서나 벌어지는 일인 줄 알았다. 그런데 작은 회사에서도 일어나더라. 아버지가 30년 이상 일궈온 회사가 와르르 무너지기까지 채 몇 년이 걸리지 않았다.

딸아이에게 들려준 슬픈 동화

● 나는 남들처럼 명품을 좋아한 것도 아니고, 유흥을 좋아하지도 않았다. 그저 남들보다 먹는 걸 좋아했고, 좋은 집과 자동차에 관심이 있었다. 여행을 딱히 좋아하지도 않아 주로 집에서 노는 집돌이었다.

이런 성격 때문일까? 사업이 망해 100평이 넘는 고급 아파트에서 17평짜리 다세대 빌라로 옮겨가게 되었을 때도 마음은 그렇게 힘들지 않았다. 그저 언젠가 다시 일어날 수 있을 거라고 생각했다. 100평짜리 집만 잃었겠나? 인간관계, 사회적 지위, 정말 모든 것을 잃었다. 그렇게 톱스타들과 이웃사촌으로 살던 주상복합이 경매로 넘어가면서 낙찰자가 쥐여준 돈을 가지고 다세대 주택에 최소한의 보증금을 넣고 들어가게 되었다.

사업이 망하면 보통 이것저것 값어치 나가는 물건들을 팔게 되는데, 맨 먼저 결혼식 때 받았던 약 3천만 원 상당의 다이아와 금반지를 팔아야 했다. 당시 이것저것 가릴 것 없는 우리에게는 마지막 희망과도 같은 큰돈이었다. 당시 패물을 구매했던 보석상에 전화를 했다. 사실 보석상이라고는 해도 아버지의 가게였다. 동업자라고 해야 할까, 혹은 매니저라고 해야 할까. 어떤 형태의 계약인지는 잘 모르겠지만, 전주는 아버지였다. 여하튼 그분께 전화를 해서 어렵게 말을 꺼냈다. 패물을 좀 팔아서 돈을 마련해야겠다고. 그때 그분이 한 말이 아직도 귀에 생생하다.

"성주 씨, 미안해. 그거 사실 다 가짜야. 그거 다 가짜로 하라고 했어."

대략 아버지께서 며느리 패물 하라고 준 3천만 원도 누군가의 호주머니로 들어간 상황. 그렇게… 우리의 마지막 작은 삶의 희망마저 모두 다 깔끔하게 날아가 버렸다.

내가 무언가를 잘못해서 재산을 날린 것은 아니다. 나는 그저 아버지 회사에 보증을 대신 섰을 뿐이다. 가족 관계에도 보증을 서지 말라는 말이 농담이 아님을 굳이 경험할 필요는 없었을 텐데.

회사가 망하고 나니 소송 및 경매 등의 법원 우편물이 집으로 엄청나게 날아왔다. 당시 소송을 진행할 돈도 없거니와 소송 건에 대한 답변을 준비할 시간을 조금이라도 벌어야 했다. 그래서 우편

물을 받을 수가 없었다. 우편물이 올 때마다 아이에게 늑대가 우리를 잡으러 와서 아무 소리도 내면 안 된다고, 움직이지 말아야 한다고 이야기했다. 벨소리가 울리면 어린 딸은 "아빠, 늑대가 왔어! 조용히 해야 해"라고 속삭이며 자신의 입을 막은 채 엎드렸고 나도 덩달아 숨을 죽이며 겁에 질린 것처럼 행동하곤 했다.

곧 집은 경매로 넘어가고 고급 아파트를 떠나야 하는 상황이 되었다. 우리 부부는 딸아이에게 늑대가 나타나 숲 속 작은 집으로 이사 가야 한다고 동화책을 보여주며 이야기했다.

전에 살던 아파트의 아이 놀이방과 아이가 자는 방을 합친 것보다 이사 간 집이 더 좁았다. 다행히 순수한 4살짜리 아이는 숲 속 작은 집으로 놀러 왔다며 좋아했다.

지금은 훌쩍 자라 중학생이 된 딸은 그때를 자세히 기억하진 못하지만, 숲 속 작은집은 기억하고 있다. 부모로서 속상하고 안타깝지만, 그때 힘들었던 경험이 지금 아이에게 긍정적인 영향을 끼치고 있는 것 같다.

딸아이가 6살이 되었을 무렵 아내는 생계를 책임졌고, 나는 마지막 남은 돈으로 큰 거 한 방을 노리겠다며 IT 플랫폼 개발에 뛰어들었다. 그렇게 나만의 굴 안에 들어가 1년이 넘는 기간 동안 플랫폼 개발에 몰두했다.

굴속에 들어가 지내고 있던 어느 날, 아내가 나에게 어렵게 말을 꺼냈다. "더 이상은 이렇게 살 수 없어… 가장으로서 돈을 벌어 왔으면 좋겠어…"라고. 그러면서 친구들의 이야기를 들려주었다.

아내 주변에는 유학 간 친구들이 많았다. 그중 한 친구에게 들은 이야기인데, 유학생은 크게 두 부류가 있다고 한다. 하나는 먼저 공부를 마친 후에 가정을 책임지겠다며 공부만 파는 남편, 다른 하나는 아르바이트 등을 병행하며 조금이라도 가정을 부양하는 남편. 결국 유학 과정을 성공적으로 마치고 끝까지 결혼 생활을 유지하는 케이스는 후자라고.

그 얘기를 듣는 순간 정신이 번쩍 들었다. '아! 가정을 부양하기 위해 뭐라도 일을 해야 하는데, 나는 그동안 내 슬픔에만 취해 모든 걸 놓치고 있었구나….'

큰 깨달음이 왔고 바로 일자리를 알아보았다.

신용 불량이 된 내가 할 수 있는 건 보수를 현금으로 받을 수 있는 아르바이트뿐이었다. 그러나 아무리 힘든 처지라고 해도 동네에서 아르바이트를 할 수는 없었다. 그건 쥐뿔도 없는 나에게 남은 마지막 자존심이었다. 그래서 아는 사람들을 만날 가능성이 거의 없는 곳, 모두 잠든 시간에 홀로 일할 수 있는 곳을 물색했다. 그렇게 찾은 곳이 동대문 새벽 시장이었다. 시장에 나가 커피를 배달하는 일이 유일하게 내가 할 수 있는 일인 것 같았다.

솔직히 말하면, 동대문에서 커피 배달을 하다 보면 무언가 사업 아이템을 얻을 수 있지 않을까 하는 작은 기대감과 함께 일을 시작했다. 여전히 정신을 차리지 못한 거지. 상인들한테 무시도 많이 당하고 비참한 대우를 받기도 했지만, 집에 돈을 벌어다 줄 수 있다는 기쁨에 비하면 그런 것은 아무런 문제도 되지 않았다.

동대문에서 일하는 1년 동안 이렇게 활발한 새벽 시장이 있다는 것에 놀랐고, 열심히 살아가는 사람들이 이렇게나 많다는 것에 한 번 더 놀랐다. 그리고 이때쯤 생각한 것이 있다. '이렇게 바쁜 시장에서 빠르게 먹을 수 있는 덮밥 같은 음식이 있다면 상인들이 시간도 아끼고 배도 든든히 채울 수 있지 않을까?'

새벽 5시에 일을 마치고 당시 살았던 문정동으로 가는 길목에 가락시장이 있었다. 그때부터 아이와 아내를 대접할 아침 식사를 마련하기 위해, 새벽 시장 해산물을 사다가 요리를 하기 시작했다. 우리 식구를 먹일 아침밥을 준비하면서 다시 내가 가장으로서 자리를 잡아간다는 생각이 들었다. 아내와 아이에게 드리운 슬픔을 다 거둬줄 순 없었지만, 음식으로 아주 작은 위로라도 건넬 수 있음에 기뻐했다. 그러한 생활은 1년 정도 계속되었다.

1년이 지나고 나니 커피숍에서 이제 그만 나오면 좋겠다고 했다. 나는 이제 때가 됐구나 싶어 알았다고 이야기하고 바로 일을 그만두었다.

동대문 새벽 시장에서 1년간 일하는 동안, 비가 오나 바람이 부나, 태풍이 불어 도저히 나갈 수 없을 것 같은 날에도 무조건 일터로 향했다. 내 인생에서 처음으로 책임감을 갖고 성실히, 그리고 꾸준히 일하는 법을 배울 수 있었던 중요한 시기였다.

나도 저들처럼 살아보고 싶다

● 2015년 우리가 살던 작은 빌라에 지금도 연락하고 가끔 만나곤 하는 이웃 부부가 살았다. 그 집 누님께서 얼마 전에 우리에게 이런 말을 했다.

> "○○이 아빠는 참 대단해. 예전에 사업 망해서 힘들 때도 항상 콧노래 흥얼거리면서 들어왔던 거 알아? 나 같으면 그 상황에서 절대 그렇게 못 했을 거야."

콧노래를 흥얼거렸는지는 잘 모르겠지만 나는 언제나 꿈을 꾸었다. 지금도 꿈을 꾸고 있다. 외식 사업 성공이라는 꿈만 좇는 것도 아니다. 나는 언제나 새로운 도전을 향해 꿈을 꾸고 있고, 그것이 나의 삶을 지속하는 원동력이 되었다.

"하면 되지, 아니면 말고."

난 저 말이 정말 완벽한 한 마디라고 생각한다.

나는 원래 백번 생각하는 사람이다. 돈이 많던 시절에도 무언가 하나를 사기 위해 백 번 이상을 고민했었다. 그런데 지금은? 일단 하고 본다. 아니면 말고. 안 되면 말고. 어쩔 수 없지. 내가 해도 안 되는 건 어쩔 수 없지만, 고민만 하면서 아무것도 안 하는 건 정말이지 바보 같은 짓이다.

하나 더 있다. "나는 천재인 것 같아!" 이 밑도 끝도 없는 자부심이야말로 내 거침없는 행동력의 기반이 되었다. 정말 천재인지 아닌지는 중요하지 않다. 무언가를 할 수 있다는 마음가짐만 있어도 일을 대하는 태도는 분명 바뀌는 법이니까.

동대문에서 1년간, 저녁 7시부터 시작된 커피 배달은 새벽 5시에 끝이 났다. 무기력한 삶을 살아왔던 1~2년의 기간이 지나고 다시 일을 시작했을 때만 해도 플랫폼 개발이라는 엉뚱하지만 다른 꿈을 꾸던 나였다. 내 인생은 당연히 그래야만 한다고 생각했다. 그러나 얼마 안 가 나의 이런 생각이 실체가 없음을 깨닫자 삶의 태도가 완전히 바뀌었다. 누구보다 성실하게 차근차근히 한 단계씩 올라가야겠다고 마음을 먹었다.

동대문 시장을 누비면서 참 많은 것을 배웠다. 상인 중에는 거상도 있었고, 돈이 없어 소자본으로 옷을 떼가는 소상인도 있었다. 흔히 '사입삼촌'이라고 부르는 옷을 대신 사입해서 배송해 주는 분도 있었다. 그 외에 옷을 저렴하게 사기 위해 옷 장사를 하는 척하면서 물건을 보러오는 주부들도 있었다.

하는 일은 조금씩 달랐지만, 누구든 부지런해야 했다. 새벽에 움직인다는 것은 그런 것이다. 내가 볼 수 없었던 세상에서 나에게는 전혀 필요 없던 일들로 누군가는 삶을 영위한다는 것이 충격이었고, 매일 바쁘게 움직이며 열심히 살아가는 모습에 한 번 더 충격을 받았다. 내 인생에 저렇게 열심히 살아본 시절이 단 하루라도 있었을까?

어찌 됐건, 사업이 망하지 않았다면 나는 여전히 내 삶에 안주한 채 다른 세상을 접할 기회조차 얻지 못했을지 모르겠다. 불행인지 다행인지 나에게 새로운 세상을 볼 기회가 생겼고, 그 당시 하루하루 최선을 다해 살아가는 상인들을 보며 정말 멋있다는 생각을 했다. 그리고 나도 다시 일어나 저들처럼 열심히 살아보고 싶다는 꿈을 꾸게 되었다.

간장게장의 탄생에서 덮밥집 개업까지

● 동대문 생활을 마치고 다시 게임 개발을 할 기회가 생겨 잠시 개발에 몰두하던 당시, 부족한 생활비를 채우기 위해 지인들에게 간장게장을 만들어 주는 일을 좀 했었는데 반응이 굉장히 좋았다. 우리 집 간장게장을 맛본 지인이 간장게장을 더 만들어 달라고 부탁해서 주문 제작을 시작했고, 맛있게 드셨는지 감사하게도 주문이 꼬리에 꼬리를 물고 계속해서 이어졌다.

많이 만들 땐 하루에 100마리도 만들었는데 집안이 온통 비린내로 진동했다. 그 당시 우리 집엔 차가 없어서 바퀴 달린 대형 아이스박스에 꽃게를 숙성한 후, 간장과 꽃게로 가득 찬 100킬로그램에 가까운 그 무거운 아이스박스를 통째로 질질 끌고 다녔다.

그렇게 지인들의 집까지 걸어가 그 자리에서 노점하듯 꽃게를 꺼내어 간장과 함께 담아 주곤 했다. 더운 여름에도 드르륵 소리를 내며 힘겹게 아이스박스를 질질 끌고 다녔지만, 우리 부부는 그 시간조차 감사하고 즐거웠다. 분당동 구석에 있는 작은 집에서 아파트 단지까지 걸어가는 데 한 시간. 단지를 돌고 다른 단지로 옮겨가 팔고 돌아오면 3~4시간이 훌쩍 지나 있었다.

잘살았던 어린 시절, 어머니가 해주시는 밥을 먹진 못했지만 주방에 계신 가사 도우미님들 덕에 난 항상 최고급 요리를 맛보아 왔고, 요리하는 모습을 옆에서 구경하곤 했다. 이때 눈에 담아둔 것이 내 요리의 근간이 되었다는 것을 그때 다시 한 번 깨닫게 되었다.

일은 점점 커져 결국 간장게장을 만들어 팔 곳을 찾게 되었다. 뒤에 자세한 얘기가 나오겠지만 약 3~4년간 공실로 있던 분당구 수내동에 있는 상가 지하에 한 마음씨 좋으신 분이 가게를 보증금만 받고 임대해 주셨다. 보증금 100만 원에 월세 없이 운영할 수 있는 가게를 얻게 된 것이다.

집이 망하기 전에 나는 항상 손님들을 집에 초대했다. 매주 초대하는 게 일상이었고, 한 번에 많은 요리를 쭉 뽑아내며 손님들을 대접하는 데 거침이 없었다. 다들 맛있다는 얘기를 했고, 나도 내 음식이 맛있는 건 잘 알고 있었다. 우리 집에 계시던 유명 요리점 출신의 이모님들이 내 인생 20년의 식사를 책임져준 덕이었다. 어릴 때부터 좋은 음식만 먹으며 자라온 데다 술과 담배를 하지 않아

손상될 일 없는, 본디 예민하게 태어난 나의 미각과 후각 덕분에 나는 나도 모르는 사이에 맛있는 음식의 개념들을 머릿속에 정리하고 있었다. 어린 시절 음식이 차려지길 기다리는 동안 아주머니들의 조리법을 옆에서 구경하며 눈에 담아둔 것도, 내가 요리를 할 때면 본능적으로 튀어나와 내 손을 움직이게 했다. 마치 그것이 원래 나의 것이었던 것처럼.

정말 요리를 잘한다고 생각했기에 나는 요리로 돈을 벌고 싶진 않았다. 내가 가장 잘하는 것들을 오롯이 취미로만 즐길 수 있는 삶이야말로 있는 자들이나 누릴 수 있는 호사니까.

자, 과거야 어찌 됐건 나는 망했으니까. 이제 나는 간장게장으로 생계를 꾸려야 했다. 그런데 지나가던 초등학생도 간장게장이 매일 먹을 수 없는 음식이라는 것쯤은 잘 알고 있었다.

350만 원. 창업 당시 수중에 있던 전 재산이었다. 다행히 점포 계약을 하고 게장을 팔기 위해 준비를 하고 있었지만, 준비 과정에서 많은 고민이 있었다.

첫째, 과연 지인들이 간장게장을 얼마나 더 팔아줄 수 있을까?

둘째, 인터넷으로 홍보를 한다고 했을 때 기존 공룡 업체들 사이를 비집고 올라설 수 있을까? 만약 올라설 수 있다고 하더라도 그 오랜 기간 돈을 벌지 않고 버틸 수 있을까?

위의 두 가지가 가장 큰 고민거리였다. 고민이 있다는 건 지금 하면 안 된다는 것. 결정을 내리는 것은 매우 빨랐다. 반 이상이 비어 있는 지하 푸드코트에 한식뷔페가 세 곳, 한식 백반집이 한 곳, 팥빙수 집이 한 곳, 돈까스 집이 한 곳 있었다. 고민할 게 있나? 나도 밥 팔면 되지 뭐. 근데 어떤 밥을 팔지? 당연히 내가 생각했던 건 덮밥이었다. 덮밥으로 결정하게 된 데는 몇 가지 이유가 있었다.

첫째, 반찬이 없으니 로스율이 적을 것 같았다.
둘째, 요리가 밥 위에 올라가니 플레이팅에 크게 신경을 쓰지 않아도 될 것 같았다.
셋째, 학생들이 좋아할 것 같았다. 마침 바로 앞에 분당고등학교가 있었다.

그래서 덮밥을 팔기로 하고 매장을 세팅했다. 세팅하고 보니 가스 연결 비용과 집기 구매 비용까지 해서 약 250만 원이 들었다. 장비들은 가장 저렴한 걸 찾아 중고로만 구매했다. 그릇과 집기류만 새것으로 기분 좋게 준비했다.

'림 꼬또 임 비스트로(LIM COTTO IM BISTRO)'

이름도 긴, 내 가게의 첫 출발이었다.

딸아이의 작은 소원

가게를 얻고 오픈을 준비할 무렵, 어린 딸에게는 소원이 하나 있었다. 어릴 때부터 차 없이 대중교통만 타고 다니다 보니 그게 너무 힘들고 지겨웠는지, 우리 집에도 차가 있으면 좋겠다는 것이었다. 갑자기 자동차 그림을 그리더니, 차가 생길 때까지 그 그림을 보며 기도하겠다고 우리 집 문에 붙여 놓았다.

바로 그 다음 날, 갑자기 아버지에게 연락이 왔다. 이제 당신은 차가 필요 없으시다면서 차를 우리 집 앞에 놨으니 폐차를 하든 타고 다니든 알아서 하라는 것이었다.

20년 가까이 된 12기통 5,400cc '제임스 본드카'는 그렇게 우리 딸아이가 그림을 그린 바로 다음 날 오후, 우리 집 앞에 '놓여져' 있었다. 아내는 돈도 없는 우리가 어떻게 이런 차를 타느냐며 다시 아버지한테 갖다 드리라고 하였지만, 그 차를 본 9살 딸아이는 자신의 기도가 이루어졌다며 행복해했다. 딸아이가 그려놓은 각진 차의 모습이 실제 아버지 차의 모습과 똑같이 닮아 있었기 때문이다. 우리 가족은 이렇게 생각지도 않게 차가 생긴 것도, 하늘이 내려준 선물일 수 있겠다는 마음으로 일단 차를 사용하기로 했다.

애물단지일 것 같은 차가 생기고 가게도 조금씩 굴러가기 시작하자, 우리도 조금은 먼 곳으로 여행을 떠날 수 있게 되었다. 그리고 '웃픈' 이야기지만, 우연하게도 돈이 없어 힘든 상황에 처할 때마다 누군가 주차해 놓은 우리 차를 긁고 가는 사고가 자주 발생했다. 우리는 그때마다 나온 자동차 보험금으로 어려운 고비를 넘길 수 있었다. '사업이 망했다'는 이야기는 성공한 사업가의 흔한 에피소드로 등장하지만, 아마 나보다 더 쫄딱 망한 사람을 찾기도 쉽지 않을 것이다.

딸아이는 무럭무럭 자라 어느덧 중학생이 되었다. 아이는 운동에 재능이 많고 가죽공예에 소질이 있어 돈이 없을 때에도 어떻게든 운동을 시키고 가죽공예를 가르쳤다. 좋은 음식은 내가 어릴 때부터 만들어 먹였기 때문에 요리를 잘하지는 못해도 내 요리의 바뀐 점을 금방 알아챌 정도로 미각이 발달했다.

아이가 이것저것 해보면서 인생의 방향을 잘 잡을 수 있도록 도와주는 게 부모의 역할이라고 믿는다. 어린 시절 나는 유명하고 훌륭한 선생님들께 여러 가지 것들을 배웠지만, 정작 어려서부터 내 꿈을 찾아내고, 내 인생을 책임질 수 있는 사람이 되어야 한다는 사실은 배우지 못했다. 그게 못내 아쉬웠다.

나는 첫째에게 항상 이렇게 말하곤 했다. "엄마 아빠가 지금 열심히 벌어서 너희에게 투자하는 것은 너의 인생에 우리가 해줄 수 있는 게 지금 이것밖에 없기 때문이야"라고. 가난했던 시절 첫째 아이가 아주 어릴 때부터 들어온 말이다. 아이는 현재 자신의 길을 잘 찾아가고 있다.

그리고 아이도 엄마 아빠가 하루하루 치열하게 최선을 다해 사는 모습을 보며 인생의 치열함을 배우고 있다. 또 없는 와중에도 좋은 일을 하려고 애쓰는 부모를 보며 삶의 가치가 단지 돈에만 있지 않다는 것을 배우고 있으니 이 얼마나 좋은 일인가. 계속 첫째 아이에 관한 얘기만 나와서 혹시라도 둘째 아이 이야기는 왜 안 하는지 궁금해하시는 분들을 위해 살짝 말씀드리면, 아직 둘째는 그런 생각을 할 수 있는 나이가 아니다.

정직함, 그것이 요식업의 매력이다

세상 어떤 일을 하든 정직이라는 덕목은 가장 우선시되어야 하겠지만, 눈앞에서 매일매일 정직의 중요성을 느낄 수 있는 일을 찾으라면 그 중 하나는 바로 요식업일 것이다. 재료, 맛, 양 이 모든 것의 밑바탕에 정직함이 깔려 있을 때 비로소 좋은 음식이 나온다.

음식 장사를 하다 보면 여러 사장님을 만날 수 있다. 그들이 운영하는 매장의 크기와 관계없이 더러는 사업가적 기질을 보이는 분들이 있는 반면, 더러는 양아치 장사꾼의 면모를 보이는 사장님도 있다. 고작 몇백 원 더 벌겠다고 재료를 속이고, 양을 속이고, 정직하게 요리를 하는 것에 힘을 쏟기보다는 광고 등으로 한탕 크게 띄운 후 '먹튀' 하려는 사장님도 만날 수 있었다.

TV에서 자주 보이는 맛집이 어느샌가 문을 닫는 모습을 여러분도 많이 봐왔을 것이다. 내 주변에도 정직함에 힘쓰기보다는 마케팅에만 치중하다 망해서 나간 음식점들을 여럿 보았다. 기본만 지켜도 유지할 수 있는 게 음식점인데, 그 최소한의 지켜야 할 선도 지키지 않는 빌런들을 우리는 이미 〈골목식당〉이라는 TV 프로그램에서 많이 봐오지 않았던가.

이제 본론으로 들어가 보자. 나는 동네 상권에서 '림 꼬또'라는 자그마한 식당을 운영하고 있는 오너 요리사다. 현재 운영 중인 매장 외에 10개의 매장을 직접 전수하였다. 음식점을 운영하면서 자본을 여유롭게 준비한다면 별 고민이 없겠지만, 나는 그럴 상황이 아니라서 소자본으로 시작할 수밖에 없었다. 사실 누구나 돈이 많으면 좋을 것이다. 하지만 하루하루 돈 한 푼이 아쉬워 고민하는 게 우리 창업자들의 현실이다. 나 역시 그런 어려운 과정을 겪어 왔기에 사장님들의 속사정을 너무도 잘 알고 있다. 그래서 나와 같은 처지에 있거나 절박한 상황에 몰린 창업자 혹은 예비 창업자분들께 '소자본으로 창업에 성공한 나의 경험이 조금이나마 도움이 되면 좋겠다'라는 생각을 하게 되었다.

나는 전수 매장 혹은 가맹점과 계약을 진행할 때, 무조건 맨 처음 물어보곤 하는 질문이 있다.

"한 달에 얼마 벌고 싶으세요?"

왜냐고? 그 돈을 못 벌면 나는 돈을 받고 전수를 하거나 가맹점을 내줄 필요가 없으니까.

그리고 그다음에 하는 말은….

“직접 요리하실 거 아니면 안 됩니다.”

“15평 이상이면 안 됩니다.”

“우리 음식은 망하면 가맹점 탓입니다.”

이유가 있다. 나야 뭐 큰돈 받고 요리를 하든지 말든지 전수만 해주고 끝내도 그만이다. 나는 돈을 벌겠지만, 그럼 그다음에 그 사람 인생은 누가 책임지나. 나 믿고 한 건데….

그래서… 사실 왔다가 그냥 돌아가시는 분들이 정말 많았다. 솔직하게 하는 이야기이긴 하지만 홀에서 사장놀이만 하고 싶어하는 분들이 대부분이었거든.

자 어쨌건, 전수점들을 잠깐 돌아보자.

1호: 140만 원 이상만 벌면 된다고 해서 200만 원은 무조건 벌 수 있다고 개런티했다. 아마 모르긴 몰라도, 주 5일 일하면서 4~500만 원은 꼬박꼬박 가져갈 것이다. 창업 비용은 인테리어가 되어 있었던 매장이라 전수비, 집기, 보증금 모두 포함해서 딱 천만 원 들었다.

2호: 나에게 제대로 오래 배웠다. 매우 만족스러운 요식 사업을 꾸리고 계신다.

3호: 500만 원은 벌 수 있을 거라고 개런티했다. 잘 벌고 있는데 아 여긴 별로 얘기하고 싶지 않다.

4호: 뭐 하도 어렵다길래 그냥 100만 원만 받고 기본 전수해 드렸다. 12석 규모 식당인데, 덮밥으로 업종 변경하고 매출이 4배 올랐다. 하루 20만 원에서 하루 80만 원으로.

5호: 개런티 없이 "월 500만 원 정도는 벌겠죠"하고 계약하고 전수해 드렸다. 그만큼은 벌고 있다.

6호: 여긴 얼마 버는지는 잘 모르겠는데 "주말에도 일 좀 하지?" 라고 물어봐도 "주중에만 해도 충분해서 주말은 안 해요"라고 이야기하는 거 보니 먹고 살만한 것 같다.

위 매장 중 창업 자금으로 돈을 가장 많이 '처바른' 매장이 보증금 천만 원 포함해서 4천만 원 정도 들었다.

영업 일수는 모든 매장 주 5일 운영이 원칙으로, 6년 이상 운영하며 부족함 없는 월 순수익을 보장하였다. 이게 가능했던 이유는 실패하지 않는 창업을 위해 상권까지 매우 신중하게 검토한 후 창업을 권해드렸기 때문이다. 최악의 상황에도 버틸 수 있는 장소로 그리고 상권에 따른 맞춤형 메뉴와 최적화된 가격은 덤이다.

이 정도 글을 읽다 보면 몇몇 독자분들은 "아 이거 뻥카 아니야?"라는 분도 있을 것 같다. 고작 350만 원 투자해서 매월 부족함 없이 돈을 벌고 전수 매장 창업까지 성공시킨다? 이게 가능한 일인가? 정답은 실속 창업에 있다. 겉만 화려할 뿐 실속은 없는 큰 가게 창업보다는 최소한의 비용만을 투자하고 크게 버는 작은 가게 창업법이라고 해두자.

가게 앞에 서 있다 보면 간혹 지나가는 분들이 하는 이야기를 듣게 된다. "저거 팔아서 밥은 먹고 살겠어?"라고. 각박한 세상에 남 걱정하는 미덕이야말로 참으로 아름다운 모습 아닌가! 어쩌다 보니 밥은 감사하게 잘 먹고 살고 있고, 감사하게 잠도 잘 자고 있다.

사실 지금의 난 뭐 자랑할 만큼 돈이 많은 것도 아니고 성공한 것도 아니며 그저 하루 벌어 하루를 사는 하루살이일 뿐이다. 그래도 글을 읽으시는 분들이 350만 원으로 시작해서 3년 만에 어떻게 됐는지는 좀 아셔야 '아, 이렇게 하면 장사할만하겠구나' 혹은 '아, 난 이렇게는 못 하겠다'라고 중간 평가는 해주실 것 아닌가. 그래서 잠시 훑고 지나가는 가게에서 멀지 않은 곳에 위치했던 사계절이 아름다운 200평짜리 홈 스윗 홈. 2015년 8월 창업, 2018년 3월 이사.

한때 절망의 구렁텅이로 떨어졌던 우리 가족은 빈털털이로 창업한 지 3년 만에 이 보금자리로 옮겨와 자연을 벗 삼으며 행복하게 잘 지냈다(현재는 중학생이 된 딸아이의 교육을 위해 다시 도심의 아파트로 이사했다).

만약 내가 지인이든 금융권이든 몇억을 빌려 매장을 창업했다

면 어땠을까? 물론 아무도 빌려주지 않겠지만 빌려줬다손 치면….
어떻긴 뭐가 어때. 열심히 이자 갚고 있었겠지.

350만 원으로 음식점 창업하기, 정말 가능할까?

● 누구나 좋은 상권에서 훌륭한 인테리어를 가진 나만의 매장을 창업하길 원하지만, 그게 마냥 쉬운 일은 아니다. 자영업을 하는 사람이 모두 넉넉한 자금으로 시작하는 건 아니기 때문이다. 혹 자금이 넉넉하다손 치더라도 그 돈이 퇴직금이나 평생 모은 자금이라면? 어렵게 모은 소중한 돈을 한 번에 쏟아 부어, 창업 후 5년 이내 폐업률이 80%에 이르는 요식업에 도박하듯 뛰어드는 건 무모한 일이 아닐 수 없다.

그래서 이 글은 최대한 적은 돈으로 위험 부담 없이 요식업을 시작하고자 하는 분들께 현장에서 부딪혀 온 나의 경험이 조금이나마 도움이 되었으면 하는 마음으로 쓰였다. 즉 다시 말해, 여유로운 자금을 활용해 넓고 좋은 자리에서 화려하고 멋지게 가게를 오픈하고자 하는 분께 이 책은 별 쓸모가 없다. 최대 2천~3천만 원 이하의 적은 자금으로 오픈을 하고자 하는 분께는 작은 도움이 될 수 있을 것이다.

창업 초창기 고민하고 또 고민하면서 자리를 알아보고 최대한 적은 돈을 들여 오픈 후 운영했던 기억을 더듬어가며, 지나온 과정을 '5장. 소자본 저위험 창업 성공 스토리'에 상세히 기록해 두었다. 마음이 급하신 분은 먼저 읽고 오셔도 좋겠다. 나는 현재 요식업으로 대박을 꿈꾸기보다 잘 살아남고 버티는, 흔히 요즘 유행하는 말로 '존버'하면서 다시 새로운 꿈을 꾸고 있다. 모쪼록 이 글을 읽으시는 독자분들, 특히 어려운 가운데 최소한의 금액으로 음식점을 내고 운영하고자 하는 분들께 유용한 길잡이가 되길 바란다.

한 가지 자신 있게 말할 수 있는 것은, '찌질하게' 식당 오픈해서 버티는 건 내가 대한민국 최고일 것이라는 점이다. 아마도.

—소자본 창업이란 무엇이고 어떻게 해야 할까?

투자금만으로 6개월에서 1년을 버틸 수 있다면 그건 소자본이 아니다. 요식업계에서 소자본 창업을 얘기하면서 보통 듣게 되는 이야기 중 하나가 "최소 6개월은 버틸 돈을 갖고 시작해야 한다"라는 말이다.

그래서… 돈 없는 사람이 그걸 언제 모으나? 작은 가게를 오픈한다고 이야기할 때 보통 6천~7천만 원의 금액을 이야기한다.

그렇다면 거기에 직원을 한 명만 쓴다고 해도 인건비 최소 300만 원. 통상적인 월세 및 잡비가 200만 원이라고 하면 1억 원 이상을 들고 준비해야 한다는 얘긴데, 1억 원이 있는 사람은 소자본 창업을 고민할 필요가 없다. 그건 이미 소자본 창업이 아니다.

돈이 없다면 손익분기점은 무조건 한 달 안에 넘겨야 한다. 간단하게 예를 들어 설명해 보겠다. 1억이라는 돈을 투자해 음식점을 오픈했을 때 장사 초보인 사람이 손익 분기점을 넘기려면 최소 1년 이상의 시간이 걸린다. 요식업의 1년 이내 폐업률이 40%, 3년 이내 폐업률이 65%, 5년 이내 폐업률 80%이라고 하니 평균적으로 2년 정도에 폐업을 한다고 생각했을 때, 만약 손익분기점을 1년째에 넘겼다면 개업 후 1년간 월 1천만 원 정도를 순이익으로 가져갔다는 얘기다. 이 정도면 초대박이라고 할 수 있겠는데? 그렇다면 따져보자. 1년 후 손익분기에 도달하고 다시 1년 후에 1억 2천을 벌고 폐업을 하게 되는데 실제 순익을 따지기 위해선 1억 2천만 원을 24개월로 나눠야 한다. 그러면 월 500만 원이 나온다. 그러나 아쉽게도 실제로 월 순수익 1천만 원을 버는 자영업자는 거의 없다. 그렇다면 과연 이게 현명한 창업일까?

뒤에 '적은 매출로 잘 살아가기'에서 자세히 다루겠지만 1~2천만 원을 투자해서 순이익을 500만 원 이상 가져가는 것과 위의 상황을 비교했을 때, 작게 창업하는 것이 망했을 때의 위험부담은 훨씬 줄이면서 일한 만큼 안정적인 수익을 확보하는 길임을 쉽게 알 수 있다. 겉모습의 화려함에 치중하다 보면 남들 눈에는 보기 좋을지 몰라도 정작 본인은 행복하지 못할 수 있다는 점을 기억하자. 이렇듯 소자본 창업은 기본 마인드부터 달라야 한다.

— 요행은 없다

음식점을 운영하면서 얼마든지 요행을 바랄 수 있다. 세상이 좋아진 만큼 요행을 만들어 내기도 그다지 어렵지 않다. 그러나 나는 바닥에서 다시 시작할 시점에, 한 걸음씩 올라가는 길을 택했다. 뿌리를 깊게 내리며 한 걸음씩 올라서야 다시 무너지지 않는다고 생각했기 때문이다. 나의 아버지는 성실하시기도 했지만 운이 좋으셨다. 경기 호황과 맞물려 일이 넘치는 시대에 능력까지 더해지니 사업을 크게 일굴 수 있었다.

그런데 지금의 요식업은 어떠한가? 넘치고 넘치는 게 식당이고, 개업하는 수만큼 망해 나가는 게 식당이다. 오픈한 지 2~3달 만에 망하는 가게도 많다는 건 정말 갈 데까지 갔다는 얘기다. 나는 아버지의 회사가 망하게 된 중요한 요인 중 하나로 실패를 모르고 승승장구만 했던 점을 꼽는다. 실패에 대한 경험이 전혀 없었기 때문에 무언가 변수가 터졌을 때 한번에 와르르 무너졌던 것이다.

나는 그런 경험을 다시 하고 싶지 않았다. 아무것도 모르는 상태에서 시작해 하나씩 차근차근 알아가며 느린 걸음을 걷기로 했다. 속도를 줄이면 주위 풍경이 눈에 들어오는 것처럼, 느리게 걸어가며 천천히 옆을 둘러보기로 했다.

그래서 나는 오픈 후 광고를 하지 않았고, 블로그 작업도 하지 않았다. 그저 천천히 한 분 한 분 단골손님들이 생기기를 기다렸다. 손님이 오는 날은 즐거웠지만, 손님이 오지 않는 날은 불안했다. 일희일비하는 마음을 버리기까지 많은 시간이 걸렸다. 하지만 천천히 걸어온 만큼 세상을 보는 시야는 많이 넓어졌다.

지금 눈앞에 보이는 현재는 과정일 뿐 최종 도착지가 아니다. 섣불리 미래를 예단하며 주눅이 들 필요는 없다. 언젠가 내가 높은 곳으로 올라가는 데 필요한 오늘을 살 뿐이다. 그렇게 느리지만 꾸준히 오른다면 혹시 떨어질 일이 생겨도 중간에 올라오면서 봐둔 나뭇가지를 붙잡고 다시 올라갈 수 있을 것이다.

비즈니스 매너는 나의 자부심이다

● 장사를 하는 사람들이 하지 말아야 할, 사회적으로 가장 분노를 일으키는 사례 중 하나는 '카피캣copycat'일 것이다. 사실 이 문제는 비단 소상공인으로 불리는 소규모 자영업자들만의 문제는 아니다. 대기업에서도 흔히 볼 수 있는 사회적 문제라고 볼 수 있다. 누군가 잘되면 그저 따라 하기 바쁜 사람들을 보고 있자면 안타까운 마음이 든다. 남의 걸 따라 하는 게 사실 나쁜 건 아니다. 좋은 게 있으면 당연히 배우고 따라 하면서 나의 것으로 만들어가는 과정이 필요하다. 그런데 이 모든 행위는 '비즈니스 매너'를 지키는 가운데 이루어져야 한다.

장사를 하면서 몇 번 비즈니스 매너를 어기는 상대를 만난 적이 있는데, 수내동에서 처음으로 가게를 오픈한 후 덮밥을 팔기 시작했을 무렵이었다. 오픈 2개월 만에 바로 옆에 부타동을 전문으로 하는 덮밥집이 들어왔다. 해당 푸드코트의 관리 규약에는 판매할 수 있는 항목이 엄격하게 정해져 있었다. 물론 워낙 오래 비어 있었기 때문에 이미 그런 규약은 무의미하였지만 작은 푸드코트 내에서 같은 종류의 음식을 판다는 것은 문제다. 그러면서 이 음식은 덮밥이 아니라 부타동이라고 당당하게 말하는 모습에 화가 많이 났었다. 사실 지금 생각해 보면 그러든 말든 놔두면 될 일이었지만 당시 창업한 지 2개월밖에 되지 않은 상황에서 그런 일을 당하니 황당하기도 하고, 그들의 그런 행동이 정말 이해가 되지 않았다.

판교 테크노밸리에 입점했을 때는 아예 부동산에 처음 물어본 질문이 "이 상가에 관리 규약 등으로 상가에 입점할 수 있는 음식점 제한이 있나요? 예를 들어 중복되는 음식은 팔 수 없다던가 그런 부분 말입니다"였다. 규모가 있는 상가이기 때문에 그런 규약 자체는 없다는 이야기를 듣고 나서 그 상가를 계약했다. 나에게 가장 중요한 건 비즈니스 매너였기 때문이다.

그런데 계약하고 나서 보니 같은 상가 내에 덮밥집이 있었다. 그래서 기입주한 사장님들에게 "상가 관리 규약에 문제는 없지만 이렇게 들어오게 돼서 좀 그렇다"라고 이야기를 했다. 사장님은 이런 상가는 그런 거 전혀 상관하지 않으니 신경 쓰지 말고 편하게 장사해도 된다고 말씀하셨다. 그 말에 비로소 안심이 되어 장사를 했던 기억이 난다.

당시 국물 요리가 없던 우리 매장에서도 라멘을 팔고 싶었지만 운영하는 2년의 기간 동안 라멘을 팔지 않았다. 이유는 역시 비즈니스 매너 때문이었다. 아무리 상가 규약이 허용한다고 해도 지킬 건 지키고 싶었으니까. 나는 그것이 나의 자부심이라고 생각했다. 바로 옆집이 라멘 집이었거든. 심지어 이런 일도 있었다. 당시 우리 매장에는 국밥 메뉴가 있었다. 그런데 상가 내 건너편 통로에 국밥 집이 들어오자 나는 국밥을 우리 메뉴에서 제외해 버렸다. 전혀 그럴 필요가 없었지만 그냥 나답게 그렇게 하고 싶었다. 그에 반해 우리 옆에 있던 라멘집은 내 손님까지 싹 다 뺏어가기 위해 덮밥 메뉴를 계속 늘리기 시작했다. 우리 집에 와서 한 번씩 메뉴를 드셔 보신 후에 메뉴를 늘린 걸 보니 이 정도 수준이면 충분히 다 잡을 수 있겠다고 생각했던 것 같다.

하지만… 결국 그 집은 머지 않아 가게를 정리했다. 그 가게와 우리 가게의 단골들은 과연 옆 식당의 메뉴를 그대로 베끼는 모습을 좋게 보았을까?

창업 스토리

복수는 소스를 낳고…

복수는 소스를 낳는다.

사실 나는 성격이 썩 온순한 편은 아니다. 공과 사가 명확하고, 옳고 그름을 분명하게 하고자 노력하는 편이다. 무엇보다 장사에 있어 가장 중요한 건 매너라고 생각한다.

앞서 말한 수내동 덮밥집 얘기를 좀 더 하자면, 우리 가게의 장사가 좀 되니 따라 들어온 셈이다(물론 그들은 아니라고 했다). 초보 창업자에다 이제 막 신입 버프(?)를 받은 나에게 너무도 어이없는 사건이 아니었겠나.

"우리는 덮밥집이 아니라 부타동 집이에요."

말이야 방구야. 어쨌든 그 집은 결국 폐업해서 나가게 되었다. 반면 우리 가게에서 전수받은 다른 집은 여전히 운영을 잘하고 있다.

부타동 집이 가게를 오픈한 지 3일째에 주력 메뉴의 판매 가격을 1천원 할인하게 만든 우리 집 메뉴는 '팬 프라이드 차슈'였다. 팬 프라이드 차슈는 연탄구이가 아닌데 연탄구이 맛이 나는 정신 나간(?) 메뉴다. 그래서 이름을 '거의 연탄 부타동'으로 할까 하다가 그냥 단종시켰다. 그 메뉴 없다고 뭐 우리 집 장사가 안되는 것도 아니고….

잠시 다른 얘기를 하자면, 수내동 시절에 우리 가게는 가장 인기가 많았던 메뉴를 지속적으로 단종시켰다. 지금 생각하면 사이코패스 같단 소리 들을 짓인데 그때는 인기 메뉴를 단종시키는 게 그렇게 재미있었다. 첫 번째로 없앤 메뉴가 차슈 덮밥, 두 번째로 없앤 메뉴가 팬 프라이드 차슈, 세 번째로 없앤 메뉴가 아마도 내가 알기로는 국내에서는 처음 판매했던 일명 '호르몬동'이다. 사실 호르몬동이라는 게 있는 줄도 몰랐다. 그냥 팔다가 단종시켰는데 몇 년 있다가 모 업체가 모 상권에서 호르몬동으로 대박을 터뜨렸더라. 역시 브랜딩이 중요하다. 그리고 네 번째 단종 메뉴가 일주일에 서너 번씩 오시는 단골들 사이에서도 전설로만 내려오는 메뉴, 2년에 한 번 먹을 수 있다는 '아기 돼지의 눈물'이다.

자 그래서, 옆 가게에 비즈니스 매너가 없으니 너무 화가 나더라고. 그래서 뭘 했을까? 오리지널 일본 토카치 지역의 부타동을 베이스로 메뉴를 만들었다. 그것이 바로 '반짝반짝 타레'의 탄생 비화다. 우리 집 타레는 8천 원, 옆집보다 2천 원이 더 비쌌다. 당연히 그 집 부타동이 더 많이 팔렸다. 그런데 그게 뭐가 중요한가.

여하튼, 복수는 소스를 낳는다고 나의 호승심은 여태껏 나의 브랜드인 림 꼬또의 시그니처이자 소스 탄생의 산실이었다. 그렇게 해서 일본의 유명 소스 제조사에서조차 카피 불가하다며, 레시피 없이는 생산 불가라는 답변을 받은 림 꼬또 만의 소스를 만들어 내게 되었다. 이 소스는 밥 안 먹는 어린 자녀들을 둔 엄마들에게 500ml에 15,000원이라는 저렴하지 않은 가격으로 팔려나가고 있다. 그나마 자주 안 팔기 때문에 판매 예정 공지가 올라가면 본 소스는 무조건 공지와 동시에 매진된다. 한 시간 동안 밥을 반공기도 안 먹는 아이가 15분 만에 두 공기를 후딱 먹는 소스. 엄마들이 사랑하지 않을 수 없다.

2장

작은 가게는 무조건 남는 장사가 답이다

우리 가게의 요리는 맛을 떠나 무조건 특별해야 한다.

그렇지 않다면 존재의 의미가 없다.

이런 자세는 작은 가게일수록 더욱 중요하다.

자네,
요리는 좀 하나?

● 식당을 개업할 때 가장 기본이 되는 건 당연히 음식의 맛이다. 지금도 누군가는 개업을 하고 누군가는 문을 닫고 있을 것이다. 그들 중 망하는 집을 보면 보통 다음과 같은 이유다.

첫째, 음식이 맛이 없다.
둘째, 음식이 맛이 없다.
셋째, 음식이 맛이 없다.

어떤 이는 "자리가 우선이지 맛은 관계없다"라고 말하지만, 결국 자리가 좋아서 성공하는 집 역시 맛이 없는 집은 아니다. 맛보다 마케팅이나 서비스, 분위기 등으로 유명세를 타는 경우도 있다. 이 경우도 핵심은 음식이 맛없지 않다는 점이다.

가끔 창업을 준비하는 분들이 우리 가게에 찾아와 덮밥집을 하고 싶다며 문의를 하는 경우가 있다. 그런데 많은 분들이 주방에 들어가려고 하지 않는다. 자신은 홀에 있고 주방은 사람을 고용하고 싶어한다.

주방을 알고 홀에 있으면 문제가 없지만, 주방을 모르고 홀에 있으면 주방에 갑자기 사람이 빠질 경우 매장은 바로 운영 불가능한 상태가 된다. 창업자는 혼자서 주방을 돌릴 수 있는 최소한의 연습은 되어 있어야 한다.

그럭저럭 요리를 할 줄 안다면 한 번쯤 요식업에 도전해 볼 만하겠으나, 요리를 전혀 모른다면 창업을 하지 않길 바란다. 굳이 요식업을 하겠다면, 적어도 제대로 된 음식을 만드는 곳에 가서 요리를 배우고 시작하자.

겨우 며칠 배우고 오픈하겠다고 하면 실제로 매장을 오픈했을 때 매장이 원활하게 돌아갈 수가 없다. 교실에서 수영하는 법을 며칠 배우고 나서 실전에 돌입해 봐야 수영이 잘 될 리가 없지 않은가! 시작하려면 제대로 준비하고 시작하자. 이것이 창업 준비의 첫 단계다. 제대로 준비해도 80%는 망할 것이라는 생각을 하고 준비하면 되겠다. 물론 나는, 절대 망할 수가 없다는 근거 있는 자신감을 갖고 시작했다. 이 케이스가 가장 좋다.

매일 먹을 수 있는 음식을 팔자

● 매일 오시는 손님이야말로 사장님의 훈장이다. 요식업을 하면서 음식부터 디저트, 주류에 이르기까지 많은 것들을 팔 수 있지만, 소규모 매장을 운영함에 있어서 매일 먹기에 부담이 되는 음식을 파는 것은 굉장히 위험한 선택이다.

누구라도 와서 편하게 먹고 갈 수 있는 메뉴를 선택하는 것이 가장 중요하다. 그것이 덮밥을 선택하게 된 이유였다.

시대가 바뀌면서 현재 30대 이하의 연령층은 일품요리와 한두 가지 반찬으로 끼니를 때우는 것이 가정에서부터 이미 익숙해져 있다. 그러다 보니 덮밥 역시 간단하게 먹을 수 있는 맛있는 식사가 될 수 있었고, 매일 편하게 먹을 수 있는 인기 메뉴가 되었다.

그에 반해, 홍대, 이태원 등 번화한 상권은 근처에 거주하는 손님보다는 멀리서 찾아오는 손님들을 위한 음식이 많은데, 그렇다 보니 음식의 국적도 다양하고 종류도 다양하다. 그날 하루 가서 먹고 즐길 수 있는 요리를 찾는 사람 역시 상대적으로 많을 수밖에 없다.

소자본 창업의 경우 번화가보다는 주택가, 오피스존 등 항아리형 상권(대규모 주거지나 업무시설을 중심으로 집적화된 상업시설, 다른 상권으로 소비자가 빠져나가지 않는다는 장점이 있다)을 선택하는 경우가 많다. 이 경우 자주 생각나고, 언제 먹어도 부담 없는 메뉴를 선택하는 것이 중요하다. 이는 작은 가게가 안정적인 매출을 일으키기 위한 가장 중요한 요소라고 할 수 있다. 한 예로, 우리 가게에는 '매운삼겹덮밥'이란 메뉴가 있다. 이 메뉴를 5일 중 3일 이상 꼭 와서 드시는 손님들이 제법 많다.

이제 메뉴를 정했다면 어떻게 장사를 해야 많이 남을까? 요식업에 관심 있는 분들이 내게 가끔 도움을 청하며 물어보시는 것 중에, 가장 대답하기 난감한 질문이 어떻게 해야 많이 남느냐는 질문이다.

그냥 비싸게 팔면 많이 남는다. 누구는 스테이크 덮밥을 6,000원에 팔기도 하고, 누구는 19,000원에 팔기도 한다.

많이 남는 장사란, 사람 적게 쓰고 맛있게 만들어서 비싸게 팔아도 손님들이 만족할 수 있는 식사를 제공하는 장사다. 같은 음식을 팔아도 마진은 천차만별이기 때문에, 내가 정말 잘하는 음식을 좋은 가격에 파는 것이 결국 많이 남는 길이다.

이렇게 이야기하면 고가 전략보다는 박리다매가 나은 것 아니냐고 반문하는 사람도 있다. 과연 박리다매가 답일까? 음식을 제값 받고 팔면 안 되는 걸까? 이 부분은 온전히 매장주의 철학에 따라 달라지는 부분이겠지만, 우리 가게는 박리다매를 하지 않는다. 또한, 마일리지 서비스도 하지 않는다.

가장 큰 이유는 첫째, 요리사가 즐거워야 좋은 음식이 나오고 손님이 만족할 수 있다고 생각하기 때문이다. 요리사가 즐거우려면 자신의 요리가 금전적인 가치가 있다고 느껴야 한다.

경쟁이 치열하던 그렇지 않던 박리다매는 매장주의 몸을 상하게 하는 결과를 낳는다. 번화가 상권에서 5천 원 내외의 초저가 메뉴들을 팔면서 문 닫는 가게들을 많이 볼 수 있다. 일단 월세를 부담하기 쉽지 않다는 점도 있지만 가장 중요한 건, 손님들이 무조건 저렴하다고 해서 그 가게를 가는 건 아니라는 사실이다. 결국, 손님에게 음식의 가치를 제대로 전달하는 게 핵심이다. 무턱대고 가격을 낮추기보다, 제대로 된 가격에 제대로 된 음식을 제공하는 것을 최우선의 목표로 매장을 운영해야 한다.

가게는
작은 게 좋더라

● 요식업 초보라면 2~3인 운영이 답이다. 물론 업종에 따라 가게의 크기는 달라지는 게 맞겠지만, 처음부터 큰 가게에서 시작하는 건 프랜차이즈가 아니라면 권하고 싶지 않다. 설사 당신이 돈이 많다고 하더라도.

일단 가게가 작으면,

첫째, 손님들을 줄을 세울 수 있다.

둘째, 초기 비용이 적게 들어간다.

셋째, 음식이 기본적으로 맛이 있다면 11평만 되어도 충분히 넉넉한 돈을 벌 수 있다.

넷째, 인력 관리의 어려움이 덜하다.

다섯째, 망해도 타격이 덜하다.

이 정도의 장점이 있는 것 같다. 저 중에서 인력 관리의 어려움이 덜하다는 것은 이런 것이다. 작은 가게는 최악의 경우에 나 혼자라도 매장이 돌아가야 한다. 도와줄 사람이 없다면 욕심부리지 말자는 뜻이다.

장사가 되든 안 되든 돈을 때려 박을 수 있는 매장이라면 문제가 없지만, 이 책을 읽는 분들은 대부분 당장 돈을 벌기 위해 요식업을 준비 중일 것이다. 이 경우에 나 혼자 운영할 수 있는 매장이 아니라면 창업하면 안 된다.

최근에 직영 매장 중 한 곳과 가족점 한 곳이 참으로 안타까운 사유로 매장을 정리하게 되었다. 원인은 바로 인력 문제다. 두 매장 모두 사람을 구하지 못해 폐업을 진행하게 되었다.

장사가 아예 되지 않아 폐업하는 것도 물론 안타깝고 슬픈 일이지만, 매출이 꾸준하게 일어남에도 불구하고 사람을 구하지 못해 접어야 한다는 것은 더할 나위 없이 속상한 일이다.

직영점이었던 야옹제면소 수내점은 직원 혼자 운영하는 1인 매장이었는데 처음 시작할 때 1년은 반드시 하겠다는 약속을 받고 시작했다. 그런데 사람의 사정이란 건 어떻게 바뀔지 모르는 일이다. 그래도 6개월은 할 거라 생각했지만 3개월 만에 그만두게 되었고 한 달 정도 운영할 사람을 구하지 못해 매출이 늘어가는 상황임에도 불구하고 가게를 정리할 수밖에 없었다. 일을 빡세게 시켰나 하면 그것도 아니었다. 개인일정으로 바쁘다고 하면 무조건 매장 문 닫고 쉬게 해줬고 모든 일정 관리를 관리자에게 맡겼다.

가족점의 경우 사장님 한 명과 아르바이트 한 명, 총 2인으로 운영되는 매장이었다. 1년 넘게 아르바이트 고용에 특별히 문제가 없다가 1년 반이 지나면서 새로 구하는 사람마다 하루만 하고 그만두는 경우가 빈번해졌다. 시급도 넉넉한 편이었고 일의 강도가 타 요식업 매장에 비해 힘든 편도 아니었으나, 그것이 아르바이트의 근속을 보장할 수 없다는 건 아마 자영업을 하는 분들이라면 많이 겪어보셨을 일이다.

그래서 약 4개월간 사람을 구하지 못해 가족점 사장님이 혼자 매장을 운영하게 되었다. 그러다 보니 몸이 너무 힘들고 인력 고용에 따르는 스트레스가 심해져 매장을 정리하게 되었다. 가족점 사장님의 경우 몇 개월 일을 쉬며 휴가를 보낸 후 혼자서 운영하는 매장을 오픈할 계획을 가지고 있다.

코로나 시국을 거치면서 예전보다 아르바이트 인력을 구하는 것이 쉽지 않고, 특히 요식업의 경우 주위 사장님들의 이야기를 들어보면 시급 15,000원에도 사람을 구하는 게 쉽지 않은 상황이 되었다.

내가 운영하는 매장의 경우 2인 운영 체제다. 기본적으로 부부가 운영하는 매장이지만 아내 대신 아르바이트가 나와 일을 돕는

데, 혹여 아르바이트가 나오지 못하는 상황이 되면 아내가 언제든 급하게 나와 일할 수 있는 형태다. 이렇게 어떤 상황에서도 매장이 확실하게 운영될 수 있는 조건의 인력 세팅이 되는 한도 내에서 오픈을 해야 매장이 안정적으로 돌아갈 수 있다. 아르바이트는 상시 인력이 아니다. 만약 누군가 상시로 도와줄 사람이 없고 나 혼자뿐이라면 욕심부리지 말고 1인 매장을 오픈하길 바란다.

창업 후에 이어지는 사공들의 조언은 걸러 들어라

나는 별 관심이 없는데 내 인생에 관여하고 싶은 사람을 주변에서 찾는 건 그다지 어려운 일이 아니다. 오지랖도 떨 때 떨어야 하는데 그냥 인생이 오지랖이다. 나에게는 조언을 많이 하는데 또 다른 사람 앞에서는 순한 양처럼 고분고분한 이도 있다.

도대체 왜 나한테만 그러는 걸까? 답을 알려주겠다. 그건 내가 만만해 보이기 때문이다. 그들 중 일부는 이런 심리를 가지고 있다. 자신의 낮은 자존감을 채워야 하는데 마침 자기보다 상황이 안 좋아 보이는 상대가 있다. 그때 상대에게 조언함으로써 자신이 더 나은 사람이라는 인정을 받고 싶은 것이다.

충고 중에서 실제로 도움이 되는 충고는 1%도 되지 않는다. 99%의 충고쟁이들은 진심 어린 마음을 담아 하는 말이라기보다 자신들의 낮은 자존감을 충고를 통해 표출하는 것 같다. 장점을 더 돋보일 수 있게 충고를 해주면 좋을 텐데 어떻게든 단점 하나 더 찾아서 충고 아닌 충고를 한다.

내가 잘나갈 때 나에게 열등감을 느꼈던 사람들은 내가 망하자 이것저것 조언을 참 많이도 했다. 그동안 그들이 느꼈던 열등감을 그런 식으로 해소하는 것이다. 자신보다 금전적으로 훨씬 여유 있던 사람이 순식간에 쫄딱 망해 바닥으로 떨어졌으니 그게 얼마나 재미있었을까? 어찌 보면 그들도 참 안된 인생이다.

상대를 정말 사랑하는 마음으로 조언하는 사람을 식별해 내는 건 그리 어렵지 않다. 정말 사랑하는 마음이 있다면 그들의 조언에는 어느 정도의 행동이 수반된다. 예를 들면, 맛있는 밥을 사줄 수도 있고 혹은 내가 어려울 때 내게 필요한 물건을 제공해 줄 수도 있다. 그것도 아니라면 우리 가게에 와서 밥 한 그릇이라도 팔아 줄 것이다.

사랑 없는 충고는 늘 문제를 일으키며 서로 사이를 멀어지게 하고 상대방의 자존감을 깎는다. 성공학의 대가인 나폴레온 힐은 이렇게 말했다. "비판은 우리에게 너무 많이 제공되는 서비스다. 누구나 비판할 말을 한 무더기 가지고 있다가 그게 필요할 때든 아니든 마구 나눠준다." 사랑 없는 충고는 꽹과리 소리 같은 '잔소리'에 불과할 뿐이다. 충고는 정말 사랑하는 마음으로 하거나, 그들이 잘

되기를 바라는 마음이 있을 때 해야 한다. "내가 너 잘되라고 하는 말인데…"라고 하면서 단점을 꼭 지적하고 싶다면, 우선 그들이 잘하는 것을 더 잘할 수 있게 만들어 준 후에 하는 게 더 낫다.

상대방에 대한 배려나 행동 없이 그저 말로만 조언하느라 바쁜 사람이라면 그 사람과의 관계는 그 정도만 유지하는 것이 좋다.

적은 매출로 잘 살아가기

● 사실… 예전에 '쩌리'인 내가 이런 얘기를 자영업자 모임 등에서 하면 바보 취급을 당하곤 했었다.

자, 일단 줄 서는 대박 맛집이 왜 문을 닫는 사례가 많은지 궁금하지 않은가? 고민해 본 적이 없을 수도 있겠지만, 분명한 건 초대박 맛집이라 일컬어지는 집들 중 폐업하는 집들을 심심치 않게 볼 수 있다는 사실이다. 왜 그럴까? 거의 둘 중 하나다. 돈이 안 되거나, 사장이 돈이 너무 많아서 권리금 받고 파는 것도 모양이 안 살아서 그냥 폐업하거나.

요식업으로 6년이라는 짧다면 짧고 길다면 긴 기간 동안 나에게 찾아와 가맹 혹은 전수 창업을 문의한 사람들이 족히 50명은 될 것이다. 그중에 나와 직접적으로 비즈니스 관계를 맺고 림 꼬또 베이스의 음식을 파는 매장은 공식적으로 6개, 비공식까지 합치면 10개의 사업체가 영업 중이다(공식과 비공식은 우리 가게로부터 전수한 사실을 내가 외부에 공개적으로 말해도 되는가 안 되는가로 구분한다).

그런데 왜 50명 중 10개밖에 안 될까? 우선 창업자들은 적은 매출에 높은 순이익을 싫어했다(믿지 않았을지도 모르겠다). 무조건 매출이 높아야 한다고만 했다. 그러나 내 매장을 비롯해 내가 전수한 매장 중 월 매출 4~5천만 원을 넘는 초대박 매장은 단 하나도 없다. 나는 초보 창업자가 오면, "월 순익 300만 원으로 만족할 수 있다면 저와 함께 시작하시죠"라고 말씀드린다. 분명 그 이상은 벌 수 있다고 자신하면서. "지금까지 전수해 나간 매장들이 돈을 넉넉하게 벌고 있지만, 300만 원 이상의 욕심을 가진다면 요식업은 시작하지 않는 게 좋습니다." 이렇게 못을 박으면, 대부분은 다른 대박 브랜드를 찾아 떠난다.

지금까지 가장 관계가 좋은 파트너는, 우리 집에서 3일간 아르바이트를 했던 학생이었다. 3일간 주방에서 나의 활약을 보더니 자신도 가맹사업을 하고 싶다고 했다. 당시 학생 신분이었기 때문에 일반 회사에 취직하라며 거절하고 돌려보냈는데, 1년 후 퇴사하고 와서 결국 창업을 했다.

여하튼, 림 꼬또 베이스의 매장들은 잘나가봐야 월 매출 2천만 원 내외인데… 그렇다고 매장 운영자들의 삶이 고생에 찌들어 있느냐 하면 그것도 아니다. 몇 가지 예를 들자면….

나 : 주 4.5일 근무. 빨간 날, 샌드위치 빨간 날 모두 휴무. 오늘은 금요일인데 오늘도 그냥 어쩌다 보니 휴무하고 이 글을 쓰는 중이다. 손님들 오늘도 또 헛걸음 미안해요. 오죽하면 블로그에 자주 문이 닫혀 있는 것만 제외하면 맛있는 집이라는 글이 있고, 단골손님들이 먼저 전화로 가게 오픈했는지 체크하고 오실까. 생각할수록 죄송한 일이지만 일단 내가 살고 봐야지. 여하튼 내 맘대로 휴무가 많지만 그럼에도 불구하고 꾸준히 우리 가게를 찾아주시는 너그럽고 마음씨 좋으신 손님들께 늘 감사한 마음이다.

매장1 : 준비 시간 포함 하루 6시간 매장 운영, 주 5일 근무.

매장2 : 준비 시간 제외 하루 6시간 매장 운영, 연 4개월 휴무.

매장3 : "아 주말에 영업 좀 해라." 이렇게 말해도 "돈 충분히 벌어서 하기 싫은데요." 드립 시전.

이 매장들의 매출은 다양한데, 월 1,000~2,000만 원 사이다.

자, 순이익이라는 세무적인 개념을 떠나 그들이 한 달에 얼마 버는지 살펴보겠다. 어느 매장인지 특정하지 않기 위해 위의 순서와 관계없이 매출과 이익을 조금 살펴보자. 모든 수치는 한 달 기준이고 매장 원가율은 로스율 포함이다.

매장1 : 매출 1,000만 원, 원가율 30%, 임관리비: 50만 원, 잡비 30만 원. 1인 운영. 단순 마진 계산 620만 원.

매장2 : 매출 1,600만 원, 원가율 25%, 임관리비 120만 원. 파트타임 아르바이트 급여 80만 원. 잡비 30만 원. 부부 운영. 단순 마진 계산 970만 원.

매장3 : 매출 1,600만 원, 원가율 20%, 임관리비 150만 원. 잡비 50만 원. 직원 급여 250만 원, 단순 마진 계산 830만 원.

위 매장들의 오픈 비용은 최저 1,300만 원(전수 비용 1천만 원 포함), 최대 4,500만 원(보증금 2천만 원 포함)이다.

그에 반해 대형 프랜차이즈 사례는 많이 알진 못하지만… 몇 군데 힘들어하는 분들을 알고는 있다. 투자금 3억, 매출은 안 알려주는데 전체 60석이 피크타임마다 웨이팅 걸리고 손님이 바글바글한 매장이다. 사장님은 나와서 일하신다. 단순 마진 계산으로 600~700만 원정도 번다고 나에게 가게 2억에 팔아달라고 부탁한 사례가 있다. 이건 못 팔지.

또 다른 사례. 꾸준히 핫한 브랜드 중 하나다. 연중무휴 24시간 영업. 사장님 매일 출근해 하루 14시간 근무. 월 순익 1,000만 원. 사장님이 이 생활이 계속되면 정말 죽을 것 같다고 매장 정리.

초저가 프랜차이즈 매장은 어떨까? 예전에 한번 모 프랜차이즈의 초저가 커피 매장을 시뮬레이션해 본 적이 있다. 분당 3대 상권 중 한 곳에 들어간 이 프랜차이즈의 창업비, 권리금, 인건비, 월세 등을 모두 계산해 보니 3천 원짜리 커피 기준으로 단 하루도 빼지 않고 250잔 내외를 팔면 월 순익이 300만 원정도 떨어지더라(내 계산은 굉장히 컴팩트해서 실제 마진보다 적을 수는 있다). 근데 결론은… 뭐 그런 매장이야 금방 매물로 나왔다. 안 팔려서 문제일 뿐.

정리하자면, 장사를 잘하기 위해 매우 중요한 몇 가지 요소가 있는데 그중에 두 가지를 꼽자면 다음과 같다.

첫째, 장사에 대한 타고난 소질(천재성).
둘째, 나는 장사를 잘 모르니 장사를 진짜 잘하는 사람의 말을 듣고 시키는 대로 하겠다는 마인드. 즉 나 자신을 제대로 아는 것.

솔직하게 말해서, 매출 올리는 방법을 몰라서 실행하지 않는 게 아니다. 마진이 남던 안 남던 브레이크 타임 없이 사람 써서 박리다매로 푸짐하게 주고 테이블 돌리며 광고 때리면 적어도 지금보다 매출은 조금이라도 더 높아질 것이다. 그러나 나는 사람 관리에서 오는 스트레스, 박리다매 스트레스, 무너지는 워라밸에서 오는 스트레스를 감당할 자신이 없다. 그리고 그렇게 했을 때 과연 더 높은 순익을 가져갈 수 있을까? 매우 심각하게 고민해 볼 문제다.

창업 스토리

매장 하루 일과 및 로스율

우리 매장의 특징을 하나 이야기하자면 요식업치고 일하는 시간이 적다는 점이다. 지난 5년간 우리는 주말 영업을 하지 않았다. 또한 샌드위치 공휴일은 모두 휴무를 했고, 빨간 날과 연휴, 대체 공휴일은 당연히 쉬는 날이었다. 넓게 보면 주 5일로 여유롭게 매장을 운영했지만, 하루 단위로 쪼개도 가게의 스케줄은 나쁘지 않다.

시간	업무	내용
10:00	출근	
10:00~11:30	점심 영업 준비	
	주방(남편)	고기, 연어 등 메인 재료 손질(약 70인분), 해면기(면 끓이는 기계) 물 끓이기
	홀(아내)	밥 50인분 짓기, 미소장국 만들기(50인분), 양파 채썰기, 반찬통에 반찬 담기(김치, 락교) 이후 손님이 많은 경우 옆집에서 밥을 빌리거나 혹은 중간에 주방에서 밥을 한 번 더 함
11:30~14:00	손님맞이 및 점심 장사	

14:00~17:00	휴식 및 설거지	
17:00~17:30	저녁 영업 준비	
	주방(남편)	부족한 재료 준비(아침에 이미 70인분가량 준비해 놓아 여유로우며 저녁 장사를 위해 추가로 많은 준비를 하기보다, 점심에 소진된 메뉴는 30분의 시간만 활용하여 조금만 더 만들고 다 팔리면 품절시킨다)
	홀(아내)	반찬통 반찬 리필, 저녁밥 짓기
17:30~18:00	휴식	
18:00~20:00	저녁 장사	
20:00~21:00	정리 및 마감	

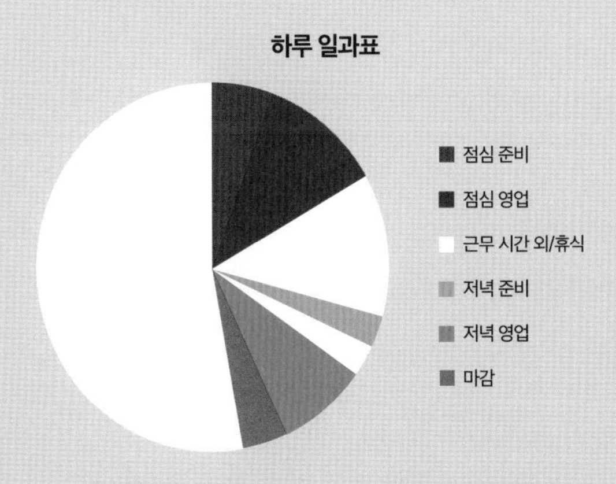

가게에 있는 11시간 중 휴식 시간은 3시간 반으로 넉넉하게 쉬는 편이다. 쉬는 시간에는 개인적인 용무를 보거나 산책을 가거나 집에 다녀오거나, 정말 피곤하면 매장에서 잠을 청하거나 하면서 시간을 보낸다. 이것이 가능한 이유는 메뉴를 거의 일정하게 준비하되, 모든 손님이 원

하는 음식을 주문할 수 있도록 여유 있게 만들지는 않기 때문이다. 매일 오는 손님들이 주문하는 메뉴는 항상 다르다. 어떤 날은 스테이크가 많이 팔리고, 어떤 날은 치밥이 많이 팔린다. 연어덮밥이 단 한 개도 나가지 않는 날도 있다.

모든 손님이 원하는 음식을 드시게 하려면 메뉴당 보통 20인분 이상을 준비해야 하는데 우리는 8~9가지의 메뉴를 총 70인분 정도 만든다. 그래서 라멘은 보통 12시 30분 이전에 다 팔리고 그 시간을 넘겨서 오시는 손님은 라멘을 드시지 못한다. 단골손님 중 3개월 동안 라멘을 단 한 번도 드시지 못한 분이 계실 정도로 딱 내가 힘들지 않은 선에서만 요리를 준비했다. 그 손님께서는 어느 날 점심시간을 다른 분과 바꿔서 11시 반 조금 넘어 방문하셨고 드디어 라멘을 드시고 가셨다.

사실 우리 매장의 가장 큰 장점은 낮은 원가율도 있지만, 음식물 쓰레기가 거의 없다는 점이다. 이 이야기는 버려지는 로스도 거의 없음을 뜻한다. 그리고 준비 시간이 다른 요식업에 비해서 매우 짧다.

매장이 협소한 경우는 김치와 락교를 테이블마다 세팅하고 물과 미소장국도 통에 넣어 서빙하느라 준비 시간이 더 걸리지만, 판교 테크노밸리 매장에서는 하루 두 번(점심, 저녁)씩 반찬 냉장고에 김치와 락교, 산고추를 넣어두고 미소장국을 전기밥솥에 그리고 물은 정수기와 컵만 놓고 영업했다. 모든 서빙은 손님들이 직접 했다. 그 덕분에 지금보다 훨씬 일이 적었다.

로스율: 1% 내외(양파, 무순, 고기, 파만 써서 버리는 게 없음)

음식물 쓰레기: 하루 매출 150만 원 기준 20리터 한 봉(재료 손질한 쓰레기 포함)

* 주 5일 근무, 샌드위치 연휴 휴무, 빨간 날 휴무

3장

작은 가게에 맞는 상권은 따로 있다

결국 장사란,

장사가 잘될 자리를 골라 들어가야 함은 기본 중의 기본이다.

징징대봤자 남들이 볼 땐 그냥 핑곗거리를 찾는

애처로운 모습일 뿐이다.

작게 오픈하되, 잘 팔릴 음식으로 가게는 최대한 저렴하게!

순대국밥이 잘 팔릴 것 같은 자리에 스테이크 집을 오픈하는 건 미친 짓(?)이다.

점심시간이 길어야 한 시간 반인 오피스존에서 즉석 떡볶이, 전골 등 테이블 조리 음식을 파는 지인들이 있다. 손님이 들어온 후 메뉴 선택 및 테이블 서빙까지 5분, 테이블 조리 설명 후 조리까지 걸리는 시간 약 7분, 손님들의 메인 식사 약 15분, 볶음밥 추가 주문 시 볶음밥 조리까지 7분, 다시 시작되는 볶음밥 식사 10분, 테이블 정리 5분이 끝나면 총 소요되는 시간은 얼마?

테이블 1.5회전 하면 점심시간이 끝난다고 한다. 객단가는 8천~9천 원. 아… 생각만 해도 아찔하고 어지럽다. 예를 들어, 오피스존에서 조각 피자집을 오픈하는 건 좋은 걸까? 경영자 역량에 따라 다르긴 하겠지만 아마 버티기가 쉽진 않을 것이다. 내가 있던 상권에서도 조각 피자집들이 몇 개월 이상 버티는 걸 본 적이 없다.

오피스존이 아닌 다른 상권은 어떨까? 대부분의 요식업 컨설턴트, 프랜차이즈 본사 등 요식업 전문가들은 매장의 위치를 매우 중요하게 생각한다. 일단 1층이면 좋고, 메인통이면 더 좋고, 유동인구가 많아야 하고 기타 등등…. 위치가 돈과 비례하니 당연히 좋을 수밖에….

적지 않은 권리금에, 인테리어 새로 멋지게 하고, 1층 메인 상권에 화려하게 한 2억 정도 들여서 오픈하는 건, 돈만 있다면 누구나 할 수 있다. 그러나 우리의 주머니가 항상 여유로운 것은 아니지 않은가? 나는 주머니가 항상 비어 있었기 때문에 저렴한 가게 이외에 선택의 여지는 없었다. 그럼에도 좋은 가게의 조건은 있다.

첫째, 일정 기간 이상 공실일 것.

둘째, 인테리어를 원상복구하지 않아 그대로 활용 가능할 것.

셋째, 메인 상권에서 멀지 않아 도보로 충분히 이동 가능할 것.

위의 세 가지를 나는 가장 중요하게 생각했다.

첫 번째 매장은, 동네 맛집의 메카라 불리우던 대형 상가 건물 바로 옆에 있는 상가 지하였고, 두 번째 매장은 신논현역에서 그리 멀지 않지만 유동 인구가 없는 상권이었다. 세 번째 매장은, 메인 상가 통로의 반대쪽 통로라 유동 인구는 없었지만 얼마든지 쉽게 상가를 둘러볼 수 있는 곳이었다.

이렇게 소자본 창업을 한 경우 가장 큰 장점은 무엇일까?

맛이 있어서 장사가 잘되면 좋고, 만약 그렇지 않아도 나올 때 마음 편하게 장사를 접을 수 있다는 점이다. 투자가 거의 되지 않았으니 회수에 대한 미련이 없는 것은 당연한 이치 아닌가. 임대인이 월세를 올려달라고 할 때 맘에 들지 않으면 나오면 그만이다.

어떤 경우든, 상황에 발목이 잡힐 일을 만들지 않으면 두고두고 편하게 장사를 할 수 있다.

메인 상권 vs 마이너 상권, 수익률은?

메인 상권과 메인 상권 인근의 망한 자리. 어디가 더 좋은 자리일까? 요식업을 시작하면서 1년 장사하고 그만둘 생각을 하는 사람은 없겠지만, 애석하게도 장사라는 게 내 마음대로 되지 않는다. 그래서 난 가능한 한 리스크를 줄이는 방향으로 가게를 오픈하는 걸 추천한다. 장사가 잘되면 하나 더 오픈하면 된다. 처음부터 크게 시작하는 건 돈 많고 여유 있을 때나 하는 거다.

실제 내 주변의 사례를 기초 삼아 두 가게를 비교해 본 후, 과연 인생 첫 창업으로 어떤 상권이 좋을지 판단해 보도록 하겠다. A 매장은 아는 분이 오픈한 매장, B 매장은 우리 가게에서 인큐베이팅을 진행한 매장이다.

A 매장 한 달 운영 내역 (단위: 만 원)

권리금	5,000
인테리어 비용	6,000
집기 및 주방시설	2,000
보증금	5,000
월세	300
관리비 및 잡비	150
하루 매출	100
원자재율	35%
총 좌석	24석
총 직원	5인(3인+부부 운영)

B 매장 한 달 운영 내역 (단위: 만 원)

권리금	0
인테리어 비용	1,500
집기 및 주방시설	500
보증금	1,000
월세	90
관리비 및 잡비	50
하루 매출	50
원자재율	35%
총 좌석	16석
총 직원	2인(부부 운영)

위의 두 가게를 예로 들어 5년간 운영 시 얼마를 버는지 한 번 비교해 보자. 위의 사례는 실제 사례를 기초로 구성하였으며, 일부 매장의 예인 만큼 모든 케이스를 대변하지는 않는다. A 매장의 일 매출은 실제와 같으며, B 매장의 경우 실제 일 매출은 80~100만 원 전후로 나오지만 극적인 비교를 위해 50만 원으로 줄였다. A 매장은 현재 영업 중인 프랜차이즈로 원자재율이 50% 선에 이르지만 35%로 놓고 계산하였다. 또한 B 매장은 평균 원자재율이 30%를 넘지 않으나 A 매장과 동일 선상에서 비교하기 위해 35%로 맞췄다. 따라서 실제 두 가게의 순이익은 훨씬 더 차이가 난다.

A 매장의 소득을 계산해 보면 다음과 같다. A 매장은 현재 유동

인구가 많은 메인 상권 중 한 곳에 자리 잡고 있다.

1) 영업일 26일 기준 월매출 2,600만 원. 원자재율 35% 적용 시 이익 1,690만 원 2) 직원 3인 급여: 540만 원 3) 월세, 관리비 및 잡비: 450만 원 4) 실제 부부 예상 소득: 700만 원

B 매장의 소득을 계산해 보면 다음과 같다. B 매장은 메인 상권에서 한 골목 떨어진 곳에 자리 잡고 있다.

1) 영업일 26일 기준 월매출 1,300만 원. 원자재율 35% 적용 시 이익 845만 원 2) 직원 급여: 0원 3) 월세, 관리비 및 잡비: 140만 원 4) 실제 부부 예상 소득: 705만 원

5년간 운영 후 두 매장의 실제 소득은 어떻게 되는지 살펴보자.

A 매장	B 매장
1. 세금 제외하고 단순 계산 시, 5년 총소득 4억 2천만 원(700×60개월) 2. 권리금 인테리어 집기의 합인 1억 3천만 원을 제외하면 2억 9천만 원(현재 권리금이 없기에 권리금은 비용으로 처리) 3. 60개월로 나누면 한 달 순익은 약 480만 원 4. 부부의 1인당 소득은 240만 원	1. 세금 제외하고 단순 계산 시, 5년 총소득 4억 2,300만 원(705×60개월) 2. 인테리어 집기 주방시설 2천만 원을 제외하면 4억 3백만 원 3. 60개월로 나누면 한 달 순익은 약 670만 원 4. 부부의 1인당 소득은 335만 원

위의 결과는 5년간 운영한 것으로 가정했을 때 나오는 수치이며, 운영 기간이 짧으면 짧을수록 A 매장의 손해는 더욱 커질 수밖에 없다.

어떤 게 더 좋은 매장일까? 하루 종일 북적거려서 몸이 힘든 A 매장과 손님은 적지만 알차게 장사할 수 있는 B 매장. 림 꼬또라면 당연히 B를 선택할 것이다.

버틸 시간이 없다면 오피스존에서 오픈하라

● 매장을 개업할 때 반드시 여윳돈을 가지고 시작하라는 말이 있다. 최소한 6개월은 버틸 수 있는 자금을 갖고 있어야 한다는 게 일반적인 중론이다. 그러나 그 정도 여윳돈이 없다면 과감하게 오피스존에서 오픈하는 것을 추천한다.

오피스존의 경우 수요와 영업일이 한정되어 있다는 특징이 있다. 따라서 아주 장사가 잘되는 몇 집을 제외하면 넉넉하게 돈을 버는 것이 쉬운 일은 아니다. 하지만 적어도 최악의 음식만 아니라면 기본 평타는 칠 수 있는 곳이 오피스존이다.

오피스존의 장점은 광고 없이 조용히 개업해도 손님들이 찾아온다는 점이다. 그만큼 버티는 시간이 짧다. 개업 첫날에 오신 손님도 새로 생긴 집인지 오래된 집인지 잘 모를 정도다. 물론 음식의 맛은 보장되어야 한다. 오피스존에서 저녁 장사가 잘되는 집은 몇 집 안 된다지만, 점심 장사마저 안된다면 내 음식에 대해 한번 돌아볼 필요가 있다.

판교 테크노밸리 오피스존에서 세 번째 매장을 오픈했던 첫날, 11시 40분경부터 몰아치는 손님들께 반가운 마음으로 "저희 오늘 오픈 첫날이에요!"라고 말씀드렸더니 "그래요? 전혀 몰랐네"라는 답변이 돌아왔던 기억이 있다. 반면에 2년 넘게 운영했을 때 방문하신 한 손님은 "오픈한 지 얼마 안 되셨나 봐요"라고 묻기도 했다. 오래되지 않아도 예전부터 있었던 집처럼 운영할 수 있다는 점이 오피스존이 가지는 장점이다.

그에 반해 최근 오픈한 용인시 수지구 상현동 매장은 오피스 상권이 아닌 동네 상권이다. 개업한 지 한 달이 되어서야 조금씩 손님들이 늘어나고 있다. 광고 없이 조용히 문을 열면 개업한 사실을 동네 분들이 모른다. 가게가 알려지기까지 시간이 걸리는 만큼 버틸 시간이 필요한 상권이다.

그렇다고 오피스존을 우습게 봐서는 곤란하다. 요식업을 막 시작하는 분들의 흔한 착각 중 하나가 '오피스존은 어차피 때 되면 점심을 먹으러 오니 음식 맛은 적당히 해도 돈을 벌 수 있다'라는 안이한 생각이다. 오피스존의 단점은 영업 일수 즉, 장사할 수 있는 날이 적다는 점이다. 항상 손님으로 북적여야 이윤이 나는 구조가 대부분이라고 할 수 있다. 그래서 그런지 오피스존은 박리다매의 매장이 많다. 그러나 나는 박리다매를 하지 않기에 오피스존에서는 비싼 편에 속했다.

아무튼 손님이 많으려면 단골이 많아야 하는데, 자연스럽게 매일 와서 드시는 손님의 입맛은 까다로워질 수밖에 없다. 맛있는 음식도 매일 먹으면 지겨운데 맛없는 음식을 매일 먹을 수 있을 것이라 생각한다면 정말로 큰 오산이다.

오피스존은 일반적으로 한 달에 19~20일 장사를 하고, 장사를 하는 날 중에서도 금요일 저녁에 손님이 있는 경우는 정말 극히 드물다. 그래서 실제로는 주 4.5일 상권이라고 생각해야 한다. 물론 금요일 저녁에도 손님이 많을 수는 있다. 실제로 우리 매장은 금요일 저녁에 매출 신기록을 경신하는 경우가 꽤나 많았다. 금요일 저녁이면 직장 동료와 오시던 손님들이 가족이나 연인과 함께 와서 식사를 하고 가시는 일이 많았기 때문이다. 하지만 어디까지나 예외적인 경우라고 생각하면 된다.

여하튼, 오피스존의 수익 구조는 점심에 장사해서 월세와 인건비, 관리비를 내고 저녁에 버는 돈을 내 주머니에 넣을 수 있는 구조다. 우리 가게가 위치했던 판교 테크노밸리의 오피스존도 꾸준히 공실이 늘어나고 신규 입점이 더뎠던 것은 오피스존이 그만큼 어려운 상권이라는 것을 대변한다.

일반 음식점은 구내식당보다 비싸기에 구내식당보다 훨씬 맛있어야 하고, 저녁에도 손님을 끌어당길 매력이 없는 음식이라면 고전하게 된다. 우리 가게는 점심 매출보다 저녁 매출이 더 높은 날이 꽤 많았다. 주류를 판매하지 않고 순수 식사류로만 벌어들인 매출이었다.

오피스존 손님들의 입맛이 얼마나 까다로운지 잘 보여주는 단적인 예가 하나 있다. 우리 가게가 속해 있던 상권 내에 방송 협찬도 꽤나 많이 하고 사람들에게 잘 알려진, 맛집이라고 소문난 프랜차이즈가 입점한 적이 있다. 하지만 오픈한 지 9개월 만에 폐업을 결정하게 되었다. 가격도 저렴했고, 맛도 기본은 했지만 딱 거기까지였다. 결국 오피스존 손님들의 입맛을 사로잡지 못한 것이다.

작은 가게라면
골목대장이 우선이다

• 내 음식은 최고니까! 멀리서도 찾아올까?

음식점을 시작하면서, 연남동, 성수동을 비롯하여 송리단길 등 소위 핫하다는 골목 상권에 들어간, 원대한 꿈을 가진 사람들을 가끔 보곤 한다. “나도 인스타에서 유명해지면 사람들이 멀리서 찾아오겠지. 내 음식은 정말 맛있으니까 먹으면 손님들이 당연히 인스타에 올려줄 거야”라고 말하면서…. 정말 감나무에서 감 떨어지길 기다리는 분들을 자주 봐왔다.

가끔 이분들을 컨설팅하러 가게 되면 나는 항상 이런 질문을 드린다. “왜 이 수많은 동네 손님들을 내 손님으로 끌어들이려 하지 않나요?”

그러면 보통 돌아오는 대답은 “우리 가게 음식은 이렇고 저렇고 해서 가격대가 높고 그래서 동네 주민들이 드시기엔 좀 비싸다. 그런데 멀리서 오시는 분들은 맛있다고 하시고….” 이런 식이다.

그런데 생각해 보자…. 그 손님들이 오셔서 유명해질 때까지 그럼 내 살림은 누가 책임지지? 판매하는 음식은 보통 1인 14,000원 이상의 메뉴들. 그분들께 지금 매출은 잘 나오느냐고 물어보면 보통 그렇지 않다는 게 대부분이었다. 힘들다고 한다.

가격부터 이미 동네 손님들이 드시기 불편한 가격이다. 매일 와서 먹을 수 있는 음식, 그 음식으로 일단 내 생활비를 채워야 한다. 그리고 맛있는 음식으로 멀리서 오시는 손님들을 기다리면 된다. 동네 골목대장조차 될 수 없다면 인스타 맛집이 되는 건 더더욱 어렵다.

인스타 이야기가 나와서 말인데, 기억해야 할 게 하나 있다. 물론 연예인이 자주 온다던지 하는 예외도 있겠지만 대부분은 인스타에서 떠서 맛집이 되는 게 아니다. 맛집으로 떠서 인스타에서 인기몰이를 하는 것이다. 정리하자면, 맛있어서 인스타에 올리는 케이스는 적다. 그보다 연예인이 올 정도로 맛있는 집에서 나도 먹어봤다는 것을 알리기 위해 인스타에 올리는 케이스가 훨씬 많다고 보면 된다.

결국 작은 가게는 좋은 상권을 찾아 동네 주민을 공략하는 게 우선이다. 그러기 위해서는 상권을 평가하는 나름의 안목도 있어야 한다.

신도시 상권을 예로 들어보자. 일반적으로 신도시의 임대료는 비싸기 마련이다. 그러나 임대료는 머지않아 내려간다. 직접 영업했던 판교 테크노밸리만 해도 예전에 비해 월세가 많이 낮아졌고, 용인시 수지구의 동천동 유타워도 예전에 비해 월세가 안정적이 되었다. 이는 비단 오피스타워뿐 아니라, 대규모 아파트가 들어선 신도시나 재개발 지역도 마찬가지다.

선점 효과라는 측면에서 장기간 장사할 계획이라면 신도시 입주와 함께 들어가는 것도 방법이라고 할 수 있겠지만, 비싼 임대료를 감당하기 힘든 소상공인에게 언제든 빠질 수 있는 임대료 거품은 부담이 될 수밖에 없다. 또한 재개발로 인해 이주하게 된 사람들로 꽉 찬 아파트 단지라면 재개발이 끝난 후 다시 썰물처럼 빠져나갈 수 있다는 위험성도 있다.

상권이 안정적인지 그렇지 않은지 평가하는 기준은 각자 다를 것이다. 다만 최소 2~3년이 지나도 안정적인 상권이라면 그때 들어가도 좋다. 혹은 더 신중하게 4~5년 지난 후 거품이 빠지면서 임대료가 내려간다면 그때 들어가도 늦지 않다고 생각한다.

결국 장사란 장사가 잘될 자리를 골라 들어가야 함은 기본 중의 기본이다. 징징대봤자 남들이 볼 땐 그냥 핑곗거리를 찾는 애처로운 모습일 뿐이다. 개업을 준비하는 분들을 살펴보면 여러 케이스가 있다. 어떤 분은 가게 하나를 오픈하기 위해 2~3년을 다른 곳에서 먼저 배우고, 다시 상권 분석을 1년 정도 한 후에 신중하게 개업하기도 한다. 실제로 내가 좋아하는 모 대표님이 이런 케이스다. 물론 나는 그 신중함이 잘 이해되진 않지만.

반면 적당한 자리에 이미 인테리어 되어 있고 임대료 저렴하면, 구석진 곳이라도 부나방처럼 신나서 들어가는 나 같은 사람도 있다. 사람이라는 존재는 사고가 가능하다. 소크라테스 형님께서 말씀하셨듯 '나 자신'을 알아야 한다. 내가 상권을 볼 줄 모르면 그냥 돈 좀 내고 제대로 된 상권 분석가한테 맡기자. 그냥 자신이 팔고 싶은 음식 얘기하고 의뢰하면 된다. 의뢰하기 싫다면 요즘 빅데이터 자료도 많은데 그런 거 분석해서 내가 팔고 싶은 음식에 적합한 상권을 찾아서 들어가면 그나마 나을 것이다.

현장에서 가장 이해하기 어려웠던 모습은 저렴한 가격으로 장사하는 매장들이 대부분인 지역에 무턱대고 비싼 음식점을 오픈하는 경우다. 모르는 건 부끄러운 게 아닌데, 모르면서 아는 척하는 건 매우 부끄러운 일이 아닐까?

창업 스토리

작은 매장 운영 이모저모

1. 키오스크 vs 홀 주문

판교 시절 매장 홀 스무 석은 주방 1인과 홀 1인으로 돌아갔다. 즉 이미 최소한의 인원으로 돌아가고 있기에 키오스크의 인력 대체 효과는 없었다. 키오스크를 사용하면 홀 직원이 주문받는 시간을 줄여주니 매장이 더 빠르게 돌아가지 않을까 생각하게 되지만, 우리 매장의 경우는 전혀 그렇지 않았다.

오피스존에 위치한 매장은 구조상 점심과 저녁 식사라는 각 두 시간의 짧은 시간에 최대한의 손님을 받아야 한다. 키오스크로 주문할 경우 일 인당 결제 소요 시간은 얼마나 될까? 스무 석에 모든 손님이 들어온다고 가정했을 때 통상적으로 메뉴 고르는 시간까지 포함하여 아무리 빠르게 결제한다고 해도 한 명당 보통 30초 이상이 소요된다. 만약 스무 명이 쉬지 않고 30초를 사용한다고 가정한다면 손님들이 다 들어오는 데 10분이 소요된다. 또한 주문이 한 번에 들어오기보다 개인 결제가 많은 특성상(카드 결제의 90% 이상이 1인분 결제) 스무 건의 영수증이 올라오게 되는데 이렇게 되면 최악의 경우 조리를 스무 번 해야 하는 경우가 생긴다. 이는 테이블 회전에 매우 큰 병목현상을 불러일으킬 수밖에 없다.

우리 매장의 경우 주문을 홀에서 직원이 담당하는데 메뉴판을 테이블당 한 장씩 나눠주는 것으로 모든 과정이 끝났다(메뉴판 사진 참조).

보통 11시 30분이 되면 매장에 스무 명의 손님이 동시에 들어오는데, 홀 직원이 메뉴판을 나눠주면 테이블의 손님들은 각자 먹을 메뉴를 선택한 후 메뉴판에 숫자를 적는다(예를 들어, 스테이크 덮밥 2개를 시키는 테이블엔 스테이크 덮밥에 2라는 숫자를 써넣음).

덮밥과 카레	M		L	
연어 덮밥 신선하게 숙성하여 연어 고유의 향과 쫀득함이 살아있는 덮밥	12.0 <100g>	☐	16.0 <160g>	☐
연어 뱃살 덮밥 신선하게 숙성하여 연어 고유의 향과 쫀득함이 살아있는 뱃살 덮밥	14.0 <100g>	☐	18.0 <160g>	☐
카이센동 진득하게 숙성한 생선회를 밥 위에 얹은 덮밥 - 구성은 조금씩 달라져요	18.0	☐	25.0	☐
히라메즈케동 간장에 절인 광어를 달걀 노른자와 함께 밥 위에 올린 덮밥	16.0	☐	22.0	☐
간장새우 덮밥<몸통만 있어요> 신선한 흰다리새우를 간장에 절여 밥 위에 얹은 덮밥	10.0 <6미>	☐	14.0 <9미>	☐
스테이크 덮밥 양파가 맛있다고 소문 난 여러분이 알고 있는 바로 그 스테이크 덮밥	10.0 <120g>	☐	14.0 <180g>	☐
얄매운 돼지 덮밥 돼지 고기를 매콤한 양념과 함께 구워낸 덮밥	9.0 <150g>	☐	13.0 <200g>	☐
글레이즈드 타레 부타동 돼지 고기를 달콤짭조름한 소스에 조려낸 덮밥	10.0 <150g>	☐	14.0 <220g>	☐
달콤 치밥 튀긴 치킨을 타레 소스에 볶아 낸 덮밥	10.0 <220g>	☐	14.0 <300g>	☐
매콤 치밥 달콤 치밥을 페퍼론치니에 볶아 낸 덮밥	10.0 <220g>	☐	14.0 <300g>	☐
아마도 황홀할 카레 북해도의 명물 스프카레 조차 초라하게 만드는 릴 꼬또스러움이 녹아 있는 카레에 스테이크를 얹은 덮밥	14.0 <120g>	☐	18.0 <180g>	☐
규규 덮밥 차돌양지를 간장에 잘 조린 후 말랑달걀과 함께 얹어내는 덮밥	9.0 <100g>	☐	13.0 <160g>	☐
차슈 덮밥 릴 꼬또가 직접 블렌딩한 간장에 조려낸 차슈를 말랑달걀과 함께 얹은 덮밥	9.0 <150g>	☐	13.0 <220g>	☐

이렇게 되면 빠른 테이블은 10초(단골은 미리 먹을 걸 정하고 도착하자마자 바로 체크하신다), 느린 테이블도 1분 이내에 모든 주문이 완료되고 홀 직원이 포스에 찍어 주방으로 주문서를 보낸다. 그러면 요리사는 주문서를 받으면서 첫 번째 테이블의 메뉴를 조리하기 위해 프라이팬을 예열하는 등 준비를 한다. 그 사이 나머지 테이블의 주문서도 보통 한 번에 다 들어오게 된다. 그러면 스무 개의 요리를 동시에 조리하기 시작하는데 이렇게 되면 통상 6~8분 사이에 스무 테이블의 모든 메뉴를 서빙할 수 있게 된다. 그래서 손님들의 첫 식사는 보통 11시 40분이면 시작된다.

이후에는 모든 테이블이 동시에 자리에서 일어나는 게 아니기 때문에 식사를 마친 테이블부터 결제를 진행하고, 테이블 정리를 함과 동시에 메뉴판을 테이블 위에 올려놓으면 두 번째 주문이 시작된다. 이때부터는 보통 한두 테이블의 요리를 동시에 시작하기 때문에 주방에서도 훨씬 여유 있게 요리를 할 수 있다.

첫 번째 주문을 제외하면 키오스크와 홀 주문을 비교해 봤을 때 키오스크가 조금 더 빠를 수도 있지만(선주문을 받을 수 있는 점) 오피스 상권이라는 특성상 한 번의 회전을 더 돌리는 게 중요하다. 첫 스무 명의 주문이 거의 10분 정도 빠르다는 건, 매장 전체로 보았을 때 1회전이 추가로 가능해진다는 뜻이다. 또한 주방에서 여러 명이 일하는 매장과 혼자 일하는 매장은 다르다. 주문이 밀린 상태에서 추가로 선주문이 들어오는 것은 사실상 의미가 없다. 이러한 매장 운영 방식에서는 키오스크가 전혀 도움이 되지 않는다.

2. 태블릿 키오스크를 사용하지 않는 이유

매장 운영 방식을 고민하며 태블릿 오더를 생각하지 않은 것은 아니었다. 그래서 국내에서 태블릿 메뉴판으로 잘 나간다는 회사의 테이블 오더 태블릿을 직접 받아 며칠 테스트해 보기로 했다.

하지만 기대와 달리 태블릿 자체가 저렴한 제품이라 속도가 느린 데다 받은 날 바로 주문 서버가 터지는 바람에 태블릿 오더 사용이 불가능한 상황이 되었다. 나는 일 초의 고민도 없이 태블릿을 그날 바로 반납했다. 그 후에도 해당 업체의 공지 메시지가 자주 날아오는데 내용 대부분은 '오류'로 인한 사용불가 메시지다. 매장 운영 도중에 그런 일이 일어난다면… 참으로 아찔하고 끔찍한 일이다.

3. 테이블 오더가 필요할 땐 네이버 테이블 오더

까칠하고 입맛 까다로운 동네 요리사의 마음에 흡족한 테이블 오더가 있었으니 그것은 바로 네이버 테이블 오더다. 테이블의 QR코드를 찍으면 바로 올라오는 메뉴판, 절대(라고는 할 수 없지만) 죽지 않는 서버와 빠른 속도(테이블 오더 업체가 제공하는 저렴한 태블릿과 최신 폰을 사랑하는 한국인 손님이 가진 고가의 휴대폰은 주문 속도부터 결제 속도까지 엄청난 차이가 난다). 게다가 네이버 페이를 통한 빠르고 편리한 결제에 주문서 연동까지! 어디 하나 나무랄 데가 없다.

| 4장 |

작은 가게에는
작은 가게만의
전략이 있다

인기 없는 상권의 망한 가게만을 골라 들어가 성공시켰다.

혹자는 무모하다는 조언을 하곤 하지만,

작은 가게에는 작은 가게만의 전략이 있다.

정작 가장 위험한 창업법은

자신의 역량을 모른 채 창업하는 것이다.

누구나 미식을 즐길 권리가 있다

● 자 그렇다면 동네 요리사 '림'이 그렇게 강조하는 맛과 단골손님을 어떻게 확보할 것인가? 우리 가게의 음식을 팔면서 가장 중요시한 가치는 '고급스러운 맛을 즐길 수 있는 캐주얼 비스트로'라는 콘셉트였다. 같은 요식업이라고 해도 오너의 성향이 따라 가게의 콘셉트는 달라진다. 고급 요리를 제공하는 파인 다이닝을 비롯해 요즘 많이 유행하는 하이엔드급 오마카세, 고급스럽지만 합리적인 구성의 캐주얼 다이닝, 가성비로 승부하는 음식까지 우리는 다양한 음식을 만날 수 있다.

미식을 즐기기 위해 반드시 많은 돈을 지불해야 한다는 생각은 바람직하지 않다. 비싼 음식이 미식일 수는 있으나 미식이기에 비싸야 할 이유는 없다. 내가 이렇게 자신 있게 이야기할 수 있는 이유는 사실 미식이라는 게 별것 아니라는 사실을 아주 잘 알고 있기 때문이다. 어려서부터 국내에서 비싸다는 음식들을 편하게 사 먹을 수 있었지만 난 그 음식들을 보며 단 한 번도 넘볼 수 없는 수준이라고 느낀 적이 없다. 나만 그럴까? 국내의 내로라하는 파인 다이닝이 손님들에게 의외로 높은 만족도를 주지 못하는 것만 봐도 알 수 있다. 이미 너무도 상향 평준화된 한국의 식문화에서 '맛'이라는 수단만으로는 파인 다이닝만의 특별함을 보여주는 게 생각보다 쉽지 않기 때문이다.

림 꼬또의 음식은 일관되게 '맛있는 캐주얼 다이닝'을 지향하고 있다. 합리적인 가격이지만 요리에 투입하는 나의 기술에 따라 가격을 차등하여 받고 있다. 예를 들어 누구나 비슷한 맛을 느끼는 '매운삼겹덮밥'의 경우 일반적인 한식의 가격대에 맞춰 8천 원으로 책정하였다. 그리고 흔히 '부타동'으로 불리는 일식 돼지 덮밥과 스테이크는 1만 원부터다. 나의 음식은 소박한 모양새를 하고 있지만, 맛으로는 여느 파인 다이닝과 비교해도 비벼볼 만하다고 자부한다. 너무 자아도취인가? 일단 어린 시절 수많은 파인 다이닝을 다녀본 입장에서는 스스로 그렇다고 생각하지만, 사람마다 기준은 다를 수 있으니까. 다만 스테이크를 드시는 손님들께서 우리 집 스테이크와 인근의 5~6만 원짜리 스테이크를 비교하면서 말씀하시는 걸 들어보면 어느 정도는 그렇지 않을까 생각한다.

요리에서 가장 중요한 건 '방향'이라고 생각한다. 그래서 평소 요리할 때도 추구하는 방향을 정하고 다른 방향은 과감하게 포기한다. 앞에도 한 번 언급했지만 지인들의 조언도 거의 다 무시한다. 단, 요리 외적인 부분에 대한 손님의 의견은 굉장히 귀를 기울이는 편이다.

음식의 방향성은 내 요리가 '잡탕'이 되지 않기 위해 꼭 필요한 요소다. 예를 들어, 한 때 유행했던, 몸에 좋은 재료라면 뭐든 다 때려 넣는 메뉴들을 보면 결국 음식에 나만의 색이 없어지게 된다.

나의 경우 '마늘, 생강, 후추, 파, MSG를 사용하지 않는 것'이 나의 방향이다. 이 원칙은 원재료의 맛을 최대한 살리고자 하는 내 음식의 방향성에 힘을 실어줬고 이런 방향성을 좋아하는 손님들이 일주일에 최소 세 번 이상 찾아오는 맛집이 되었다.

모든 손님에게 맞출 순 없다

● 어차피 내 손님은 정해져 있다. 식당을 찾아주시는 모든 손님들의 입맛을 만족시키면 좋겠지만 그것은 불가능하다. 결국 내 요리는 내 입맛에 맞춰져 있고, 모든 사람의 입맛이 동일할 수는 없다.

요식업을 처음 시작하고 가장 당황하게 되는 때는 손님이 음식을 남기거나, 음식을 드시는 모습이 즐겁지 않아 보일 때다. 그럴 때면 내 음식이 입맛에 맞지 않는 것 같아 불안하고 초조하다. 그러다가 결국 맛이 없다는 이야기를 듣게 되면 멘탈이 무너지고 하루 종일 우울감에 빠지는 경험을 하기도 한다. 그러다가도 또 어느 날은 손님이 아주 맛있게 드시고, 맛있다는 칭찬까지 해주신다. 그런 날은 하루 종일 기분 좋게 일한다.

그렇다고 입맛에 안 맞는 손님을 위해 맛을 바꿀 수는 없다. 어차피 그분의 입맛이 어떤지 알 수도 없다. 다만, 매번 최선을 다해 요리하고 내 음식을 좋아하는 분들을 위해 더 열심히 대접하면 된다. 결국 내 음식을 좋아하는 분들이 단골이 되는 것이 아니겠는가. 이러한 명확한 주관 없이 매번 변하는 손님의 피드백을 받아적으며 계속 무언가를 바꾸다 보면 나의 요리 역시 여러 색이 섞여 탁해진 수채물감처럼 되고 만다.

여러 번 가게를 옮긴 지금도 여전히 우리 가게를 찾아주시는 단골손님들이 있다. 가장 고마운 손님은 수내동 작은 푸드코트 시절부터 시작해 지금까지도 꾸준히 찾아주시는 손님이다. 가게 이전으로 이제는 거리가 멀어졌음에도 잊지 않고 찾아주시는 걸 보면 결국 내 음식을 좋아하는 분들은 있다는 거다. 나는 그분들을 위해 최선을 다하면 된다.

모든 손님의 입맛을 만족시킬 순 없지만, 모든 손님에게 적용되어야 할 고객서비스 원칙은 있다. 바로 손님의 식사 시간을 방해하지 않는 것. 손님의 식사 시간은 가장 소중하다. 장사를 하다보면 피크 타임이라는 것이 있기 마련인데, 특히 오피스존의 경우 점심시간은 가장 중요한 시간이다. 덮밥의 특성상 회전율이 빠른 편이라 한 시간에 2.5회전가량 하기도 하는데, 가끔 단체 손님이 오시면 난처한 경우가 생긴다. 피크 타임임에도 식사 후 담소를 나누시며

40~50분 이상 자리를 잡고 계시는 것이다. 가게 앞에는 그런 손님들을 조금은 원망스런(?) 눈빛으로 바라보며 기다리는 웨이팅 손님도 있다.

만약 당장 돈을 벌기 위해서라면 자리를 차지하고 계신 분들이 최대한 빨리 일어나는 게 도움이 되겠지만, 내가 몇 푼 더 벌고자 손님들의 식사 시간을 방해하는 따위의 일은 절대 일어나서는 안 된다. 오늘 못 오시는 손님은 내일 다시 오실 것이고, 아니면 오늘 저녁에라도 오실 것이다. 하지만 불편함을 느낀 손님은 다시 오지 않는다. 결국 편안한 식사가 단골을 만든다.

매장 안의 빠른 음악은 손님들의 식사에 흥을 돋워 빠른 회전율을 보장하는 동시에 손님의 소화불량을 유발하지만, 우리 가게는 항상 느린 음악을 틀어 놓는다. 어떤 손님은 덮밥집에 느린 재즈 음악이 흘러나오니 웃기다는 말씀을 하시기도 한다. 하루에 한 테이블을 더 받는 것보다 중요한 건 우리 가게에서 식사하신 손님들이 식사 후 일터에 돌아가서도 편하게 업무에 집중할 수 있게 하는 것이다. 주인장의 이런 마음이 전해졌다면 손님들은 아마도 이렇게 생각하지 않을까? '림 꼬또에서 밥을 먹으면 속이 편해서 참 좋단 말이야.'

사장이 행복해야 손님도 행복하다

"손님이 또 오고 싶은 가게를 만들어야 한다"라는 말이 있다. 그러기 위해서는 "양은 푸짐하게, 가격은 저렴하게"라는 조언이 뒤따른다. 사람마다 중요하다고 생각하는 기준은 다르다. 누군가에게는 가격 · 양보다 분위기일 수도 있고 누군가에게는 맛일 수도 있다.

손님이 있어야 가게도 있다지만, 가게가 있어야 손님도 있다. 가격대비 푸짐한 양만을 추구하는 메뉴로 정작 요리하는 사장이 행복하지 않다면, 과연 그 가게를 계속 운영할 수 있을까?

나는 맛있는 음식을 만드는 과정에서 행복감을 느낀다. 행복이라기보다 성취감과 자기만족일 수도 있다. 분명한 건 이러한 만족감이 몸이 힘들어도 계속 요리할 수 있게 해주는 원동력이 된다는 사실이다. 이러한 선순환 과정을 거쳐 내가 손님에게 대접하는 요리 역시 손님들을 행복하게 한다.

만약 가성비를 따지면서 저렴하고 푸짐한 양으로 손님에게 음식을 대접했다면 손님은 만족할 수 있겠지만 나는 행복하지 않았을 것이다. 스스로 내 요리에 대해 가치를 많이 부여하기 때문이다. 나는 질이 낮은 음식을 비싸게 파는 것도 용납 못 하지만 내 요리를 싸게 파는 것도 용납하지 못한다. 그러면 내가 행복하지 않기 때문이다.

또 한 가지 가게를 운영하는 데 있어 중요하게 여기는 가치는 정직함이다. 단언컨대 손님과 자신을 속이는 장사는 오래가지 못한다. 인터넷의 발달로 우리 시대는 이미 하이 아마추어high amateur가 가장 똑똑한 시대로 접어들었다. 아주 특수한 분야를 제외하면, 깊이를 따지지 않고 양적인 부분만 놓고 봤을 때 아마추어의 지식이 프로를 넘어서고 있다. 이 말인즉, '마니아층'이라고 불리는 손님들을 속일 수 있는 시대는 이미 지났다는 뜻이다.

물론 손님을 속이는 일은 절대 일어나서는 안 된다. 그건 요식업에서 최우선이 되어야 할 도덕적 가치이기 때문이다. 손님은 다 알고 있다. 손님은 결코 속일 수 없다. 내가 아는 프랜차이즈 중에 원산지와 육류 부위를 속인 곳이 있다. 무슨 생각으로 그러는지 모르겠지만 굉장히 위험한 행동이다. 나중에 적발되면 법적인 문제도 크겠지만 그보다 중요한 건 손님을 속이고 있다는 것이고, 더 심각한 문제는 그들 스스로 자신을 속이고 있다는 점이다.

장사를 하면서 절대로 잊지 말아야 할 교훈을 한 가지 꼽으라면 '장사치'가 되어선 안 된다는 말을 꼭 하고 싶다. 장사를 하면서 이윤이 절대 목표가 되면 이러한 유혹에 쉽게 빠질 수 있다. 늘 경계해야 할 부분이다. 그동안 쌓아올린 모든 것이 무너질 수도 있다. 적당히 타협하다 보면 내가 '장사치'라고 조소하던 그들처럼 되는 것도 한순간이라는 사실을 늘 가슴에 새겨두어야 한다.

요리할 때의 행복감, 만족감과 성취감 등 저마다 가게를 운영하는 동기부여의 원천은 각자 다를 것이다. 요식업을 하면서 손님에게 맞추는 가게를 만들지 말고, 손님이 나에게 맞춰지는 가게를 만들어야 한다. 사장의 행복이 곧 손님의 행복이기 때문이다.

일손이 모자라면 손님의 도움을 받아라

● 작은 가게, 특히 오피스존이라는 상권의 특성상 짧은 시간에 많은 손님이 몰려오는 가게라면 당연히 최단 시간에 최대한 많은 고객을 받을 수 있어야 한다. 오피스 상권에서 장사를 할 때도 이러한 측면에서 회전률을 최적화하는 데 주력했다.

오른쪽 그래프에 있는 전골집과 즉석 떡볶이집을 예시로 들어 보자. 이들 가게가 2시간 동안 쉬지 않고 돌아간다는 가정하에 테이블 회전률을 비교해 보았다. 덮밥을 파는 우리 가게의 경우 한 테이블의 회전이 20~30분 사이면 완전히 끝난다. 특히 남자 손님 4인의 경우는 더 빠른데 주문부터 테이블 정리까지 15분 내외로 끝난다. 이에 반해 손님이 조리를 하면서 식사까지 하는 가게의 경우 테이블당 40~50분 정도의 시간이 소요된다.

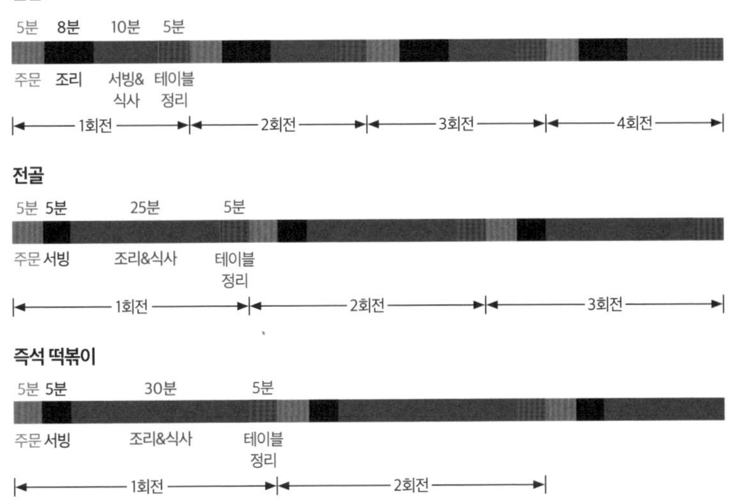

2017년부터 2018년까지 운영했던 판교 테크노밸리 매장의 경우 20석 기준 점심 2시간에 50만 원, 저녁 2시간에 40만 원 내외의 매출을 유지했는데 20석에 동시에 손님이 들어오는 11시 반 기준으로 첫 20석의 모든 손님이 주문 후 음식을 받는 데까지 평균 8분 정도가 소모되었다. 즉, 11시 30분에 동시에 착석한 20분의 손님이 11시 40분이면 모두 음식을 받을 수 있었다는 이야기다.

이게 가능했던 이유는 내가 요리하는 방식이 조금 특이하다는 점도 있지만 가장 큰 이유는 최대한 간단히 조리를 끝내고 홀에서 서빙을 할 때 아내가 해야 할 일을 손님에게 나눠주었기 때문이다. 가게에 들어온 손님이 동시에 착석하면 아내는 곧바로 다섯 테이블에 메뉴판을 전달한다. 손님들은 메뉴판에서 자신들이 식사할 메뉴를 선택한 후 숫자로 몇 개인지 표기한다. 아내는 다섯 개의 메뉴판을 회수함과 동시에 포스에 찍어서 주방으로 주문서를 보낸다.

그러면 다섯 테이블의 모든 요리를 거의 동시에 조리하기 시작하고 그 사이 손님들은 아내가 해야 할 일을 대신 했다(물, 반찬, 수저 챙기기, 국 떠오기). 셀프바를 운영하느라 테이블은 하나가 줄어들지만, 24석은 20석과 달리 동시에 음식을 만드는 데 어려움이 있다. 20석일 때보다 오히려 음식 조리 속도와 테이블 회전 속도를 느

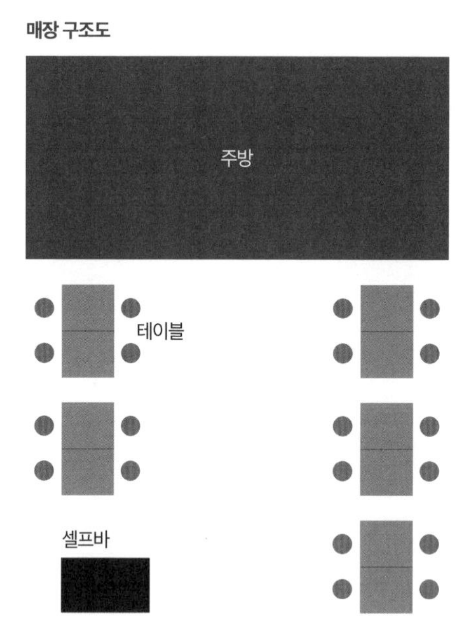

리게 한다. 직접 해보니 혼자서 동시에 조리 가능한 테이블의 한계는 22석 정도라고 생각한다.

이렇게 주방과 홀이 요리에 집중하면서 나머지 역할을 손님에게 맡기고, 요리사는 조금 더 풍성한 요리를 만들어 내보내니 손님들도 만족하고 우리도 적은 인원으로 가게를 운영할 수 있다. 당연히 운영비 절감이라는 장점이 있다. 또한 모든 테이블은 2인석으로 구성했다. 손님들이 직접 2~6인석까지 테이블을 만들 수 있기에 피크 타임에 손님이 몇 명 오든 테이블 로스를 최소화할 수 있었다.

가게 메뉴 중에서 딱 하나 미끼 상품이 있었는데, 대한민국 국민이라면 거의 다 좋아하는 제육덮밥을 고급화한 '매운삼겹덮밥'이다. 유일하게 8천 원으로 가격 부담은 없으면서 매일 먹을 수 있는 메뉴다. 그 외의 메뉴는 최소 1만 원에서 2만 2,900원까지 만들었는데, 매운삼겹덮밥의 합리적인 가격 덕분에 손님들로 하여금 '이 가게의 비싼 메뉴는 비싼 이유가 있다'라는 인식을 충분히 심어줄 수 있었다.

• 메뉴 구성 •

매운삼겹덮밥: 8,000원
그 외 메뉴: 10,000~22,900원

가격이 이렇게 차이가 나다 보니 원가율은 메뉴마다 상이하다. 똑같은 원가가 들어간다고 해도 우리 가게만의 특징이 있는 메뉴는 비싸고, 매운삼겹덮밥처럼 비교군을 쉽게 찾을 수 있는 메뉴는 조금 더 저렴하다. 그래서 양이 더 적은 메뉴가 더 비싼 경우도 있다. 간혹 처음 온 손님이 양은 적은데 가격이 더 비싼 이유를 묻기도 하는데 그때는 정확하게 "우리 가게만의 소스를 직접 만들고 주방장의 노하우가 들어간 만큼 더 비싸게 받는다"라고 말씀드린다.

이처럼 빠른 회전율과 그 빠른 회전율을 요리사와 홀 서버가 유지할 수 있도록 도와주는 손님들의 셀프 서비스. 그리고 미끼 상품을 이용한 재방문 유도. 이 세 가지가 그동안 우리 가게가 꾸준히 높은 매출을 유지할 수 있었던 비결이었다.

상권 내에서 일 인당 식사 비용이 가장 비쌌음에도 회전율은 하루 영업시간 4시간 기준으로 했을 때 평균 5회전으로, 오피스존 기준으로는 꽤나 많은 회전수를 지속적으로 유지했다. 이로 인해 주 5일 영업, 명절 및 샌드위치 휴일 모두 휴무 그리고 배달을 하지 않았음에도 우리 가족이 생활하기엔 크게 부족하지 않은 수입을 얻을 수 있었다.

맛은 맛이요,
향은 향이로다

● 사람의 혀는 4미 1통 1감, 즉 신맛, 단맛, 쓴맛, 짠맛 그리고 통각과 감칠맛을 느낄 수 있다. 사실 감칠맛은 좀 억지로 끼워 넣은 거고 일반적으로 4미 1통으로 음식의 맛을 느낀다고 표현하면 거의 맞는 말이다.

그에 반해 향은 코로 느끼는 것으로 사람은 수만 가지의 향을 느낄 수 있다. 우리 가게의 메뉴였던 매운삼겹덮밥을 다시 한 번 예로 들어보자. 매운삼겹덮밥의 소스는 3가지로 구성되어 있다. 고추장, 고춧가루, 설탕.

고추장에 들어간 특유의 향이 조금 있겠지만, 본 3가지 구성으로 소스는 4미의 모든 것을 갖추었다. 게다가 통각까지. 아주 약간의 감칠맛도 있을 것이다. 고추장에도 소량의 글루탐산나트륨은

들어 있기 때문이다. 이렇게 하면 4미 1통 1감을 모두 갖추었다.

일반적으로 제육볶음 베이스의 요리를 할 때 위의 구성에서 추가되는 것을 몇 가지 예를 들자면, 간장, 후추, 파, 마늘, 생강, 맛술, 청주 등이 있다. 간장은 짠맛을 갖고 있지만 향이 풍부한 재료이며, 나머지 재료들 역시 각자의 향을 품고 있는 향신료에 불과하다.

향수가 아무리 향이 좋다 한들, 향수를 먹을 수는 없다. 그러나 아무 향이 없는 음식은 먹을 수 있다. 사람은 향이 없어도 맛을 느낄 수 있다. 즉 향은 옵션일 뿐, 음식의 본질은 맛이다. 향만 좋은 음식이 맛이 있을 수는 없다.

요리를 하면서 흔히들 쉽게 간과하는 것이 바로 음식의 본질인 맛이다. 장담하건대, 17가지 재료를 섞어서 맛을 내는 것보다 3가지 재료로 맛을 내는 게 훨씬 쉽다. 옛 어르신들의 지혜로운 말씀이 갑자기 생각이 난다.

"음식으로 장난치는 거 아니다."

음식의 기본인 맛을 잡지 못하면서 애꿎은 가맹 본사 탓 손님 탓을 시전하며 무조건 남탓으로 돌리는 안타까운 사례도 있다. 운영 매뉴얼이 나와 있는 프랜차이즈라도 이는 단지 참고서일 뿐, 운영은 내가 직접 하는 것이다. 그냥 공으로 돈 벌 생각? 요식업에서는 사치다. 잘 되면 내 덕, 안되면 가맹 본사 탓이라는 마인드로는 발전이 없다. 인생은 다 그런 거 아닌가.

나는 우리 요리를 전수받으려 하거나 가맹을 하려는 분들께 늘 말씀드린다. “솔직히 다른 브랜드는 모르겠지만 저희 가게에서 배워서 장사 망하면 그건 점주님 탓이에요. 저희 가게는 음식을 아예 모르는 분들도 하루 이틀 배워서 오픈하면 다 장사 잘됩니다.”

아무리 좋은 참고서가 있어도 공부를 안 하면 그저 0점을 맞을 뿐이고, 아무리 참고서가 거지 같아도 내가 뛰어나면 100점을 맞는 게 세상의 이치다. 내가 못났으면 공부를 해야 하고, 내가 뛰어나다면 그 뛰어남을 누리면 된다. 나는 〈골목식당〉 속 빌런은 방송에만 존재하는 허구인 줄 알았다. 근데 그게 아니더라. 눈으로 직접 보고 있노라면 그저 끔찍할 뿐이다.

빌런들의 공통점은 실패를 대하는 자세다. 실패 후 변화가 없으면 두 번 해도 안 되고 세 번 해도 안 된다. 실패를 반면교사로 삼아 성공하려면 실패와 더불어 큰 깨달음이 와야 하는데 이를 그저 흘려보내고 만다.

나는 사업을 하면서 아주 좋은 멘토를 만났는데, 내가 가장 존경하는 기업가 중 한 분인 고모부다. 직원 2만 명이 훌쩍 넘는 회사의 창업주이신 고모부께서 은퇴하시고 우리 회사에 와서 일을 잠시 도와주신 적이 있다. 이 두 달여의 짧은 기간 동안 나는 사업에 관한 여러 이야기를 들을 수 있었고 일도 배울 수 있었다. 그중 나의 뇌리에 가장 깊게 박힌 이야기는 두 가지였다.

“이미 내 시대는 끝났어. 내가 부업으로 음식점이나 해보려고 해도 나 같은 사람이 카운터 지키는 음식점에 와서 밥 먹고 싶겠냐? 사람은 물러날 때를 알아야 하는 거야."

"일이 거의 다 진행되어 다 된 것처럼 보이더라도, 마지막에 잘 진행이 되지 않는다면 미련을 버리고 바로 포기하는 게 훨씬 좋을 수 있단다. 그 마지막 미련 때문에 버티다가 망할 수 있거든."

고모부 정도면 얼마든지 '라떼'를 시전해도 누구나 고개를 끄덕이며 인정할 수밖에 없는 분이지만, 조금은 오버스러울 정도로 당신을 냉정하고 객관적으로 보는 분이어서 놀랐던 기억이 있다. 그렇다. 짧은 인생을 살면서 여러 사업가를 봐 왔지만, 결론적으로 이렇게 정리할 수 있다. 실력이 있어도 두 번은 망할 수 있다. 근데 세 번 망하는 건 그냥 능력이 없는 거다. 물론 세상 모든 일엔 예외가 있으니 대체적으로 그렇다는 거다. 그저 어떠한 변화도 없이 비슷한 도전을 세 번 반복한다면 같은 실패를 부를 뿐이다.

돈이 없으면 이미지 트레이닝이라도 끝없이 하자

● 이미지 트레이닝 할 실력이 없다면 요리를 모르는 거고, 요리를 모른다면 개업해도 망한다. 돈이 없어서 요리를 못 해볼 수는 있다. 그러나 맛을 못 봤다는 건 그냥 게으른 거다. 맛을 알아야 성공할 수 있다. 그러니 일단 맛을 봐라. 전국의 유명한 맛집을 모두 갈 필요는 없다. 몇 집만 골라가라.

재료를 사서 연습할 돈이 없었던 나는, 배우고 싶은 요리가 있으면 잘하는 집에 찾아가 맛을 보곤 했다. 당시 송파에서 핫했던 연어 덮밥집 만푸쿠, 압구정에서 핫한 유노추보를 오픈한 직후에 찾아갔다. 메뉴 구경을 하기 위해서다.

만푸쿠에서는 연어덮밥과 가츠동을 시켰고, 유노추보에서는 네기토로동과 라멘을 시켰다. 일단 맛을 보고 그 모양을 보고 내 요리를 다듬었다. 맛은 그래도 한번 봐야 대략 어떤 맛을 내야 할지 알고, 어떤 맛인지를 알아야 그 요리를 할 것이 아닌가.

만약 맛을 보고도 아무런 감이 안 오고 어떻게 만들어야 할지 모르겠다면 음식점을 개업하면 안 된다. 그럴 실력이 안 된다면 돈을 아까워하지 말고 돈 주고 제대로 배우자. 만약 돈이 없다면 나같이 기분 좋으면 저렴하게 전수해 주는 사람 찾아가서 가르쳐달라고 졸라야 한다. 오픈은 쉽지만, 폐업은 더 쉽다는 걸 명심하자.

배움을 받을 형편도 되지 않는다면? 그렇다면 꼭 다른 곳에서 배울 필요는 없다. 대신 유튜브라도 보면서 하루 종일 머릿속으로 가게를 운영하는 연습과 메뉴를 만드는 연습을 해야 한다. 꿈에서도 나올 정도로. 계속.

요식업 창업 관련 단체 대화방 같은 데서 보면 일종의 국룰(?)이 있다. 창업 희망자들에게 사장님들이 가장 많이 하시는 말씀. "꼭 몇 년간 일을 바닥부터 배운 후에 오픈하라"라는 조언이다. 그럴 때마다 나는 굳이 그러지 않아도 된다고 반대로 이야기하곤 한다.

사실 따져보면 파인 다이닝 같은 규모가 큰 레스토랑도 아니고 구멍가게 하나 차리는데 바닥부터 몇 년간 일을 배울 필요가 있을까? 물론 개인적인 생각이다. 스스로를 장인이라 칭하는 사람들은 자신의 기술을 매우 대단한 것이라 여기는 경향이 있지만, 사실 요식업에서 요구하는 기술이란 게 그리 대단하지 않다. 나도 여느 장인에 비해 밀린다고 생각하지는 않지만, 나는 내 기술 따위 알고 보면 아무것도 아니라고 생각한다.

운영 노하우도 마찬가지다. 동네 가게에는 동네 가게만의 요령이 있다. 대기업의 시스템 같은 건 없다. 유학을 다녀와도 쓸모없다. 나의 운영 노하우도 그렇게 대단하지 않다. 한번 보면 아무것도 아닌 일이 너무도 많다. 이런 일들을 배우려고 2년을 허비하는 사이 시장이 변하면 어떻게 할 건가? 지금이 시기상 오픈할 적기인데 지금을 놓치면 돈은 언제 버나?

어디까지나 작은 가게의 이야기다. 작은 가게는 미숙함이 있어도 충분히 겪어내면서 성장할 수 있다. 물론 경험 있는 사람에게 운영 노하우라도 기본적으로 배워두면 크게 확장할 때 조금은 더 유연성이 생기겠지만, 작은 가게부터 시작할 생각인데 첫 2~3년을 배우는 기간으로 보내는 것처럼 안타까운 일이 없다고 생각한다.

참고로 나는, 그냥(!) 오픈했다. 대신 스스로 망하지 않을 정도의 규모로, 테스트하며 성장할 수 있을 정도로 아주 작게 오픈하면서 하나하나 늘려가기 시작했다.

물론 그렇다고 동네 작은 가게니 우습게 봐도 된다는 뜻은 아니다. 가게 규모에 비례해 준비 기간에 차이가 있다는 뜻이다. 처음부터 제대로 오픈하고 싶다면, 기술 배운다는 셈 치고 돈 아까워 말고 제대로 운영하는 대박집에 가서 노하우 하나하나까지 다 전수받길 바란다.

우리 가게에서 배운 전수점 중에는 하루 이틀 동안 요리만 배운 곳도 있고, 2~3주 가량 일하면서 매장 돌아가는 것까지 배운 곳도 있다. 둘은 확실히 운영 측면에서 차이가 난다. 우리 가게에서 배운 경험으로도 충분히 차이가 나는데 대박집의 노하우라면 더 대단하지 않겠는가?

창업을 준비하는 분들을 보면서 가장 안타까운 마음이 드는 경우를 꼽자면, 요식업에 대한 노하우가 제대로 축적되지 않은 상태인데 생각보다 큰 규모의 가게를 준비하는 분들을 볼 때다. 여기서 생각보다 큰 규모란 내 기준으로 20석 내외를 말한다.

사실 음식점 운영이라는 게 겉으로 보면 그냥 '밥이나 만들어 팔고 정리하면 되는 거 아닌가'라고 생각하겠지만, 생각보다 복잡한 일들이 많다. 명치 한 대 세게 때리는 말씀을 드리자면, 20석 내외의 음식점을 굉장히 자연스럽게 굴리려면 기본적으로 인문학적 소양을 비롯하여 경영학에 대한 소양도 있어야 한다. 서비스업에 대한 마인드는 기본이다. 그런데 아이러니하게도 이는 대기업 산하 대형 레스토랑 매니저로 오래 일한다고 해서 알 수 있는 것도 아니다. 어찌 보면, 일인다역의 일인 밴드를 하는 것만큼이나 어려운 일이다.

적어도 나는 〈골목식당〉의 빌런은 아닐 거라 생각하지 말자. 누구도 예외일 수 없다. 잘 모르면 그냥 돈 내고 배우는 게 최고다. 당장 내는 돈이 아까워 보이겠지만, 오픈 후에 사장이 되고 나서 겪게 될 말도 안 되는 상황들을 하나하나 대처하며 배워가는 것에 비하면 어마어마하게 큰 비용을 아끼는 거다. 실제로 내가 음식점을 운영하면서 거의 3년에 걸쳐 완성한 노하우를 일부 전수점들이 그대로 다 가져가지 않았는가.

그래도 혼자 하고 싶다면… 혼자 해야지 뭐. 나도 그렇게 했으니 여러분도 할 수 있을 것이다. 하지만 돈으로 해결할 수 있으면 돈으로 해결하는 게 아무리 생각해 봐도 낫다는 게 나의 진중한 결론이다.

장사가 안되는 건 내 탓이다

● 오피스존에 있다 보면 매일 장사가 잘되는 건 아니다. 앞서 얘기한 것처럼 덮밥을 파는 내 매장에서 나는 라멘 등의 면 요리를 팔지 않았다. 나는 누구보다도 비즈니스 매너를 중시하는 사람이었기 때문이다.

겨울에는 뜨거운 국물 요리가 당길 텐데 나는 그저 덮밥밖에 없었기에 매출이 좀 줄었다. 한 20% 이상? 그러면 나는 내 탓을 하면서 어떻게 하면 겨울에도 덮밥을 많이 팔 수 있을지 고민을 했다. 날씨가 추우니 날씨 탓이네, 국물이 없으니 어쩔 수 없네 하면 모양새가 좀 그렇지 않나? 모든 건 내 탓이다. 내가 성인이 되고, 내가 나의 행동을 책임질 나이가 되어서도 남의 탓을 하는 것처럼 모자라 보이는 건 없다. 그 메뉴를 선택한 것도 내 탓, 그래서 메뉴가 유행을 탄다면 그것도 내 탓, 그 상권을 선택한 것도, 그 가게를 택한 것도, 그냥 다 내 탓이다.

우리 가게 베이스의 매장이 다 잘되는데 단 한 가게만 안된다면 그건 안되는 매장 탓이지 우리 가게 탓은 아니지 않나. 스스로 실수를 인정하지 않으면 발전할 수가 없다. 이 이야기를 꺼내는 이유는 창업자들이 흔히 저지르는 실수를 말하고 싶어서다.

남이 성공했다고 해서 나도 성공할 거라는 착각은 위험하다. 보통 지역 맛집 기반으로 시작된 프랜차이즈는 그 지역에 살지 않는 남들이 볼 때는 맛집이 아니다. 예를 들어보자 조기축구회 주장이 월드컵에 나가면 공이나 한번 제대로 잡을 수 있을까? 내가 아는 아주 안타까운 사례가 있는데, 지역 맛집 기반의 프랜차이즈가 다른 지역에서도 잘 될 거라고 생각하는 흔한 케이스다. 이 지역 상권은 조금 특이한 점이 있는데 상권에 처음 들어온 음식을 파는 매장은 맛이 없어도 유명해지고 손님이 넘쳐난다. 예를 들어, 덮밥이든 초밥이든 라멘이든 한식이든 기존에 없던 메뉴가 처음으로 그 지역에 들어오면 그 집은 사람들로 넘쳐난다. 특출난 맛이 없거나 평범함의 극치를 달려도 어마어마한 맛집으로 소문이 난다.

여하튼 지인이 그런 로컬 맛집 프랜차이즈를 지방에 오픈했다. 잘됐을까? 장사가 안되는데 본사에서도 모른 척하고 샵인샵을 운영하는 것도 불가능하다고 한다. 결국 너무 힘들다며 나에게 도움을 요청했다. 여하튼, 20석 이내의 매장으로 오픈해야 할 집을 가맹 본부의 욕심으로 50석이 넘는 자리로 오픈시켜 버렸으니… 그 가맹점 본사만 보면 아직도 혈압이 오르는데 진짜 그러면 안 되거든.

사업을 하면서 아무리 좋은 기회라도 한번 아닌 건 끝까지 아닌 거다. 막힌 길은 바로 돌아가야 한다. 어떻게든 살려보겠다고 붙잡고 고민할 필요가 없다. 나의 경우 우리 가게의 이름으로 하는 사업은 언제나 유연함을 우선으로 한다. 여기저기서 제안이 많이 들어오면 처음에는 혹하는 제안으로 시작하지만, 단 한 번도 예외 없이 나의 피를 쪽쪽 빨아먹으려는 케이스로 변했다. 지인의 경우와 같은 프랜차이즈가 그 대표적인 사례다.

사람들은 보통 좋은 제안이 들어오면 어떻게든 그 기회를 붙잡으려고 애를 쓴다. 그런데 사업을 하면서 한가지 알아야 할 점은 제안받는 사람을 위한 사업은 없다는 것이다. 모든 사업은 제안하는 사람에게 초점이 맞춰져 있다. 무리하게 기회를 잡기 위해 내가 무언가를 양보하는 순간, 나는 호랑이 굴에 들어가게 되는 것이다. 설령 유리한 제안이 들어와도 일의 진행이 늦어지고 이것저것 이슈가 많이 생긴다면 나는 바로 그 길을 버리고 다른 길로 돌아간다.

얼마 전 나에게 브랜딩 및 인테리어 설계 비용으로 1,500만 원 정도를 투자하면 자신이 5,000만 원 정도를 투자해서 가게를 오픈할 테니 같이 브랜드를 키워보는 게 어떻겠냐는 제안이 들어온 적이 있다. 나의 대답은 "아니오"였다. 마치 대충 들으면 나에게 매우 좋은 조건처럼 보였으나 조금만 생각해 보면 그렇지 않음을 쉽게 알 수 있다.

요즘 누가 동네 매장을 오픈하는데 브랜딩과 인테리어 설계 비용으로 1,500만 원을 들이나? 가게 시공하면서 콘셉트만 제공해 주면 기본적으로 디자인은 따라오는데 1,500만 원을 추가로 투자하라는 얘기는 겉으로는 자신들이 매우 많이 투자하는 모양새를 하고 있지만 실제로는 거의 남의 돈으로 시공을 하겠다는 얘기다.

정리하자면 대형 프랜차이즈? 유명한 맛집? 아무리 동네에서 유명한 맛집이라도 잘 생각해야 한다. 물론 개중에는 성공하는 케이스도 있지만 무조건 성공하는 건 아니라는 거다. 우리 가게? 솔직히 판교 알파돔 타워가 위치한 분당구 백현동의 공룡 IT 기업 사이에서 꽤 유명한 편이었다. 딱 판교 IT 기업이 몰려 있는 그 권역 안에서만. 이곳을 벗어나면 백현동 주민들에게는 "그게 뭔데?"라는 얘기밖에 안 나오는 그냥 쩌리 덮밥집일 뿐이다.

아무리 그 가게가 로컬 맛집이라고 해도 그 음식이 정말 우리 동네, 우리 상권에서도 통할 수 있는지는 고민을 해봐야 한다. 이와 비슷한 오류가 있다. 엄마가 요리한 칼국수가 맛있다고 이걸로 장사하면 대박 나겠다는 착각, 베트남에서 2천 원짜리 음식 먹으면서 가성비에 놀라 진짜 맛있다고 하지만 막상 한국에서 상업적으로 성공한 음식들과 냉정하게 비교해 보면 그저 그런 맛인 것과 비슷하다.

무엇이든 절대적인 것은 없다. 장사에도 유연성이 필요하다. 그래서 장사가 잘되어도 내 탓, 안되어도 내 탓인 것이다. '저 집은 유명한 맛집이니까', '저 집은 대형 프랜차이즈니까….' 남의 말만 믿고 가게의 운명을 맡기는 것만큼 위험한 일도 없다.

음식의 격은 홀 서버의 TMI가 결정한다

설명도 엄연히 요리의 일부다. 음식의 맛이 아무리 뛰어나도 설명이 없다면 격이 떨어진다. 그 음식에 대한 홀 서버의 TMI(너무 과한 정보)가 음식을 완성하는 화룡정점의 역할을 한다. 혹자는 음식에 대해 여러 설명이 필요하다면 그 음식은 실패한 것이라고, 짧은 한 마디로 음식에 대한 정의를 내릴 수 있어야 한다고 한다. 그러나 나는 그 말에 별로 동의하지 않는다.

조미료가 가득 들어가 감칠맛이 폭발하는 음식이라면 딱히 설명을 안 해도 미각을 만족시킬 수 있을 것이다. 하지만 근본적으로 비어 있는 맛이 있을 수밖에 없는 우리 가게의 음식은 음식에 왜 빈 맛이 있는지에 대해 어느 정도의 설명이 필요했다.

100% 순수한 육수로 만든 라멘을 처음 팔았을 때 손님들은 “이

게 어떻게 라멘인가?"라는 불평이 많았다. 아무런 향도 없는 깔끔하고 진하기만 한 라멘이었으니 그런 반응도 무리는 아니다. 그래서 우리 가게의 홀 서버는 언제나 처음 오시는 손님들에게 "저희 라멘은 뼈로만 낸 진한 육수라 설렁탕 같은 맛이에요"라고 설명을 했고, 추가적인 손님들의 질문에 세세하게 답변을 해드렸다.

그 결과는 어땠을까? 라멘을 시키신 분들은 차슈 2장, 달걀 하나에 파가 조금 올라간 매우 단출한 구성에, 주변 정통 라멘보다 2천 원 이상 비싼 1만 원이라는 가격에도 불구하고 대부분 만족하셨다. 그리고 의도치 않게 라멘 맛집이라는 소문까지…. 점심에 준비한 라멘은 12시 20분 경이면 모두 소진되었고 뒤늦게 라멘을 먹으러 왔다가 돌아가는 손님이 생길 만큼 많은 인기를 누렸다.

그에 반해 판교 매장과 완전히 똑같은 라멘을 파는 가족점은 라멘에 대한 불평이 끊이질 않았다. 결국 메뉴 자체를 없애버렸는데, 판교점과의 차이는 요리에 대해 TMI를 해줄 수 있는 홀 서버가 없다는 점이었다.

만약 내가 향이 풍부한 일반적인 라멘을 팔았다면 그냥 조용히 테이블 위에 라멘을 얹어놓는 것만으로도 손님들을 만족시킬 수 있었을 것이다. 실제로 지금 상현동 매장에서는 아무런 설명을 필요로 하지 않는, 그저 테이블 위에 얹기만 하면 코끝에서부터 만족감을 느끼게 하는 라멘도 한 종류 판매하고 있다. 그러나 나는 나의 음식이 손님에게 조금 더 특별해지길 원하고 내 가게와 음식을 사랑하는 마니아층이 생기길 원한다. 그래서 홀 서버의 TMI는 음식의 맛보다 훨씬 중요하다. 매장을 운영하는 핵심인력의 순서를 꼽자면 첫째는 단연 홀 서버, 둘째가 요리사다.

인테리어는 조금 어설픈 듯하게, 고객의 기대를 낮춰라

인테리어는 어설프게 하느니 차라리 아예 하지 않는 것도 콘셉트다. 작은 가게의 경우는 더 그렇다. 나는 지금껏 매장을 오픈하면서 제대로 인테리어를 한 적이 없다. 사실은 안 한 게 아니라 못한 거에 가깝다. 내 눈은 하늘 꼭대기에 있는데 내가 할 수 있는 여건은 그렇지 못했기 때문이다. 그래서 어설프게 하느니 아예 하지 않는 콘셉트로 매장을 운영할 수밖에 없었다.

수내동, 강남, 테크노밸리는 인테리어를 안 하거나 기존 매장의 인테리어를 그대로 사용했다. 알파돔타워로 이전할 때는 멋진 인테리어를 하는 주위 다른 매장들과 달리, 대충 페인트를 칠하고 현수막을 활용했으며 메뉴판은 스티커로 만들어 벽에 붙여놓고 장사를 했다.

이런 어설픈 인테리어의 가장 큰 장점은 매장에 대한 손님의 기대치가 낮아진다는 점이다. 누가 봐도 동네 오래된 가게에서나 볼 법한 허술한 인테리어를 본 손님들은 음식에 대한 기대치가 높지 않다. 그런데 반전으로 음식이 맛있으면 손님은 생각했던 것보다 더 맛있다고 느끼게 될 수밖에 없다. "와 보기와 다르게 엄청 맛있는데?"라고. 그에 반해 아주 고급스런 인테리어를 한 매장에서 내 음식을 먹게 되면 손님들은 아마도 "맛 괜찮네" 혹은 "생각보다 실망인데?"라고 말할 수도 있을 것이다.

개인 블로그 등에서 스타 셰프의 가게를 방문한 후 실망했다는 리뷰를 남긴 손님들을 종종 보곤 한다. 높은 명성에 이끌려 잔뜩 기대하고 방문하면, 매우 고급스러운 인테리어에 또 한 번 놀라게 된다. 그러면 음식에 대해서는 이미 저세상 맛을 기대하게 된다. 그런 손님들이 식사를 하면 맛의 수준이 적당할지라도 그저 그런 맛, 혹은 높은 기대치에 비해 한참 못 미치는 수준이라는 평가를 받게 되는 것이다.

빈틈 있는 인테리어로 손님의 기대치를 낮출 때 오히려 내 음식이 훨씬 돋보일 수 있다는 점은 동네 가게만이 누릴 수 있는 특권이다.

호랑이 굴에 그냥 들어가면 정신을 차려도 죽는다

● 누가 호랑이 굴에 들어가도 정신만 차리면 산다고 했나? 물론 호랑이 굴에 들어갔는데 호랑이가 없으면 살 수 있다. 음식점 사장님 중에는 〈골목식당〉 빌런까지는 아니더라도 또 다른 유형의 빌런들을 심심치 않게 볼 수 있다. 바로 호랑이 굴에 맨몸으로 들어가서 호랑이를 때려잡겠다고 하는 사장님이다. 왜 굳이 그런 위험한 행동을 할까?

나도 성격이 워낙 특이해서 호랑이와 자웅을 겨루는 장면을 항상 꿈꾸긴 한다. 그런데 호랑이를 잡으려면 적어도 호랑이를 잡을 준비는 해야 한다. 총이든 그물망이든 사냥 도구와 몸을 보호할 보호장구도 철저히 챙겨야 한다. 도구를 활용해 단번에 호랑이를 제압할 수 없다면, 힘의 차이를 극복하지 못하고 영원한 안식에 들어갈 것이다.

의외로 초보 사장님 중에 이렇게 아무런 준비 없이 호랑이 굴에 들어가는 모양새가 많다. 비단 초보 사장님뿐 아니라 내로라하는 경력을 가진 셰프들에게서도 종종 목격되는 현상이다. 다른 비유를 하자면, 오랫동안 대형병원 과장, 혹은 대학병원에서 교수님으로 계셨던 '명의' 급의 의사들도 독립해서 개인병원을 운영하면, 예전만큼은 명성을 누리지 못하는 경우를 심심치 않게 볼 수 있지 않던가?

그나마 실력이 월등한 스타 셰프라면 요리 실력이라도 인정하지. 실력으로 승부해야 하는 판에서 '경력질'을 하며 '곤조'를 부리는 기술자라면 더 말할 것도 없다. 이들은 자신의 고정관념을 관철시키려는 성향이 매우 강한데, 사회생활을 그런 사람들 밑에서 시작해서 그런 건지 아니면 경력이 쌓이면 자연스럽게 그렇게 되는 건지는 잘 모르겠다.

진정한 실력자는 최선을 다해 새로운 것을 배우려고 노력한다. 세상이 바뀌면 내가 알던 것이 언제든 최선이 아닌 게 될 수 있기 때문이다. 예를 들어, 예전에는 고기를 구울 때 겉을 바삭하게 구워 육즙을 가둔다고 했지만, 사실은 그렇지 않다. 완벽하게 제대로 구워진 스테이크를 레스팅Resting하면 정말 육즙이 넘치도록 흘러내린다. 옛날 옛적부터 요리사들은 불에 고기를 구웠을 때 이런 현상을 봐오지 않았을까? 보았을 것이다. 그러나 여전히 육즙은 가두는 것으로 알고 있는 요리사들도 많다.

백 년이 넘는 전통을 앞세우는 가게도 크게 다르지 않다. 옛날 방식 그대로, 아무것도 바꾸지 않고 전통을 지키는 것을 최고의 가치로 여긴다. 물론 전통을 지켜온다는 것 자체가 굉장히 바람직한 현상이며 찬사를 받아 마땅한 일이다. 그러나 그저 과거에 머무르기만 한다면 결국 도태될 수밖에 없다. 세상은 늘 변하고 있기 때문이다. 정말 오래가는 가게는 전통을 유지하는 것에 머무르지 않고 계승·발전시킨다.

뿌리 깊은 나무가 부러지지 않으려면 주변을 잘 가꿔 나무를 안전하게 보호해야 한다. 요리로 치면 맛의 개선이 될 수도 있고, 새롭게 조합한 식재료일 수도 있으며, 손님 응대와 서비스의 개선일 수도 있다.

충북 속리산에 가면 안타깝게도 한쪽 팔이 잘린 채 서 있는 '정이품송'이 있다. 누가 그런 거목의 팔이 부러질 것이라고 예상했을까? 거목이라도 세월 앞에선 나약한 존재일 뿐이다. 그래서 보호장치는 언제나 필요하다. 내가 들어가고 있는 호랑이 굴에 대해 정확히 알지 못한 채 과거의 영광만을 믿고 '내가 하면 될 거야', '내가 경력이 얼만데?'라는 마음으로 쉽게 생각하고 창업을 했다면 오산이다. '결국 내가 할 줄 아는 건 요리밖에 없더라.' 뭐 이런 깨달음을 얻는 건 굳이 돈을 잃고 할 필요는 없지 않을까?

장사는 요리만 잘해도 가능하긴 하다. 하지만 그것도 매일 와서 밥을 먹어야 하는 오피스 상권에서나 성립하는 얘기다. 그런데 역설적으로 요리 잘하고 경력 있는 사람들은 오피스 상권에는 잘 들어오려고 하지 않더라…. 나의 능력에 대한 과신으로 입지 좋은 곳에 비싼 돈을 들여 창업하려고 하거나, 혹은 내 경력과 실력만 믿고 내 음식이 안 될 상권에 무모하게 들어간다. 그러고는 SNS 나무에서 '좋아요' 열매가 맺히고 '공유'의 씨앗이 바람에 날려 여러 사람의 피드에 뿌리 내리길 기다린다.

그게 될까? 천만에. 절대 안 된다. SNS에 피드가 올라와서 맛집이 되는 게 아니라 유명한 맛집이기 때문에 피드가 올라오는 것이기 때문이다. 호랑이 굴에 들어가려면 그 전에 많은 것을 생각해 봐야 한다. SNS에 홍보만 잘하면 되는 상권인지, 맛만 있으면 되는 상권인지, 감성과 분위기만 있으면 되는 상권인지 등등 생각할 것이 너무도 많다.

운 좋게 호랑이 굴에 호랑이가 없다면 제왕이 될 순 있다. 텅 빈 상권에 가장 먼저 들어가면 맛이 아무리 없어도 먹을 데가 없으니 손님이 오겠지. 초기에는 상권 빨을 받을 수도 있을 것이다. 그러나 호랑이가 없는 곳에는 여우들이 몰려들기 마련이다. 계속해서 왕 노릇 하기가 쉽진 않다.

초보 창업자의 경우도 마찬가지다. 호랑이 굴이든 어디든 일단 살아남아야 한다. 살아야 뭐든 한다. 초보 창업자에게 자주 들려주는 비유가 있다. '낮은 곳에서 떨어지면 아프지만 높은 곳에서 떨어지면 죽는다.' 건물 2층 정도의 높이에서 바른 자세로 떨어지면 다리가 부러질지언정 죽을 확률은 현저히 낮다. 그런데 7층 높이만 넘어가도 죽을 확률은 매우 높아진다.

작은 가게가 낮은 곳이라고 한다면 큰 가게는 높은 곳이다. 고위 공직자일수록 큰 비리가 터졌을 때 그동안 쌓아온 모든 명성이 한순간에 물거품이 되는 것처럼 창업도 마찬가지다. 나의 모든 것을 투자하는 창업은 높은 곳에 올라가는 것과 마찬가지다. 만에 하나라도 사업이 잘못된다면 정말 다시는 재기 불가능한 상태가 될 수 있다.

비단 요식업뿐 아니라 사업을 막 시작한 초보 사장님들은 '내가 하는 사업은 절대 망할 리 없다'라고 생각한다. 그러다 보니 여건이 되는 한 최대한 좋은 모양새로 화려하게 사업을 시작하려고 한다. 특히 지나치게 남의 눈을 의식하는 우리나라의 체면 문화와도 맞물려 있다.

나라고 다를까? 첫 창업을 할 때 돈이 없어 본의 아니게 분당에서 가장 싼, 게다가 운 좋게 좋은 임대인을 만난 덕에 월세도 없는 자리에서 시작하게 되었지만, 아마 내게 돈이 있었더라면 그렇게 모양 빠지게 시작하진 않았을 것이다.

내가 장사를 시작한 걸 알게 된 친한 지인들은 물론 나를 격려해 주었지만 한편으론 안쓰럽게 생각했고, 딸이 다니던 초등학교 학부모들 사이에서도 우리 집은 좋은 먹잇감이 되었다. 내가 동네 푸드코트에서 장사를 시작했다는 소식이 퍼졌을 무렵 "누구누구네 아빠 거기서 장사한다더라"부터 시작해서, 일부 학부모들은 우리 딸아이에게 보내는 시선까지 달라져 있었다.

이런 게 현실이다 보니 조금 더 좋은 환경에서, 돈을 들이더라도 번듯하게 사장 소리 들을 수 있는 가게를 무리해서라도 차리려는 것이다. 이는 굉장히 바람직하지 않다. 창업은 생존이고 어떻게든 살아남아야 한다. 창업에 대한 경험이 없다면 최대한 적은 돈으로 시작해서 망하지 않고 버티는 연습을 해야 한다. 작게 시작해서 잘되면 하나를 늘릴 수 있지만 크게 시작해서 망하면 재기하기 어렵다. 떨어지더라도 낮은 곳에서 여러 번 떨어져 보면서, 훗날 더 높은 곳에서 떨어지더라도 버틸 수 있는 힘과 체력을 길러야 한다.

작은 가게라면 수익은 최단 기간에 내야 한다

● 만약 당신이 돈이 많으면 해당되지 않는 이야기고, 가진 돈이 적거나 거의 없다면 한 번쯤 꼭 생각해 볼 문제다. 나의 경우는 첫 매장을 열고 돈을 벌기 전까지 오픈하는 매장에서 무조건 2주 이내에 손익분기를 넘는 것을 목표로 했다. 이유는 간단하다. 돈도 없었지만, 요식업 경험이 없는 나로서는 사업의 지속성을 스스로 확신할 수가 없는 상태였기 때문이다. 이런 상태에서 손익분기 돌파까지 6개월~12개월 이상 걸리는 장사를 한다는 건 말이 안 됐다. 더 확실히 말하자면, 6개월씩 버틸 만큼 매장에 투자할 돈이 없었다는 게 더 정확하다.

첫 매장을 시작으로 매장 세 곳을 오픈해 오면서 첫 번째 매장은 보증금 100만 원에 투자금 250만 원이 들었고, 두 번째 매장은 보증금 1,000만 원에 투자금 300만 원, 세 번째 매장은 보증금 1,000만 원에 투자금 350만 원 정도가 들었다. 셋 다 오랜 기간 공실이었고 인테리어가 되어 있어 누구든 들어오기만을 기다리는 매장이었다. 당연히 모든 매장은 2주 이내에 투자금을 회수할 수 있었다. 넉넉잡고 한 달 이후부터 버는 돈은 다 내가 벌어들이는 돈이었다.

그런데… 꽤나 많은 창업자들이 1년 후에 손익분기를 넘기는 것을 목표로 하고 가게를 오픈한다. 아마도 창업할 때 다음과 같은 기본 전제가 깔려 있기 때문으로 보인다.

'내 사업은 영속성이 있다.'

정말 그럴까? 답은 '아니오'다.

창업 전과 후는 판이하게 다르다. 내 사업이 잘 안되는 이유는 내 실력이 부족해서일 수도 있고, 금융 위기 혹은 팬데믹 등 외부적 요인으로 타격을 입어서 일 수도 있다. 외부적 요인은 사실 어떻게 할 수 있는 게 아니다. 그저 '잘 버티는' 수밖에 없다. 반면 실력이 부족하다거나 배움을 게을리하는 등 내부적인 문제는 전적으로 '내 탓'이기 때문에 할 말이 없다.

좀 안타까운 사례가 있는데, 5년 넘게 라멘집을 운영하신 분이다. 프랜차이즈였는데 장사가 잘 안되는데도 도저히 프랜차이즈를 그만둘 수가 없다. 육수를 끓이는 방법도 모른다고 한다. 5년 넘게 운영했는데 육수를 끓일 줄 모른다고? 실화인가? 사실 육수 뭐 별거 없다. 뭔가 엄청난 비법이 있는 것처럼 다들 말하지만 사실 진짜 육수는 그냥 물만 넣고 끓여도 된다. 굳이 무언가 넣는다면 몇 가지 향신료와 조미료 정도나 넣겠지.

5년 넘게 라멘을 팔았으면 요식업이 그래도 할만하다고 느끼는 사람일 텐데…. 라멘 끓이는 것 정도는 호기심이 생겨서라도 배워볼 법한데… 안 배웠다고? 그렇게 쉬운 그걸 안 했다고? 그러니까 결국 5년이 지나고 남는 건 폐업인 거다. 재기도 못 한다. 다른 음식을 팔 수도 없다. 돈이 많아서 취미로 프랜차이즈를 하는 게 아니라면, 자신이 생계형으로 프랜차이즈를 하고 있다면 틈틈이 기술을 익혀야 살아남는다.

공부는 끝없이 해야 한다. 천재라고 해도 해야 한다. 내가 천재일 리도 없잖은가. 식당은 요리하고 서빙하고 설거지한다고 끝나는 게 아니라고 본다. 남는 시간에 연구와 개발을 게을리해서는 안 된다. 누군가 나의 음식에 대해, 내가 만드는 음식의 재료에 대해 논할 때 그들에게 정확한 정보를 알려줄 수 있어야 한다.

놀면 뭐 하나. 나 역시 끊임없이 새로운 기술을 연구하고, 좋은 기술이 있다면 그걸 개량하여 더 좋은 기술로 더 좋은 조건에서 만들 수 있도록 노력한다. 요즘은 정보가 넘치는 시대인지라 손님들도 아는 게 많다. 적어도 그들보다는 많이 알아야 요리사로서 손님들을 납득시킬 수 있지 않겠는가.

작은 가게일수록 기본이 중요하다

● 사연이야 어떻든 당신이 작은 가게의 사장이 되겠다면, 이걸 모르고 시작했다간 오픈만 하고 망할 수 있다. 바로 세상은 리더와 팔로워가 함께 이끌어간다는 것. 리더라고 좋은 게 아니고, 팔로워라고 나쁜 게 아니다. 그저 자기가 잘할 수 있는 위치를 아는 게 중요하다.

사업할 사람은 따로 있다고 본다. 아는 형님이 수의사 겸 회계사다. 근데 무조건 월급쟁이만 한다. 자기는 사업할 수 있는 사람이 아니라고 한다. 진짜 멋지지 않나? 나 자신을 아는 거니까. 나 역시 팔로워 스타일이다. 그런데 나처럼 어쩔 수 없이 사업을 해야 할 상황이라면, 팔로워의 자세로 잘 되는 곳에 찾아가서 돈을 내고 배워야 한다. 그게 핵심이라고 본다.

반면 리더 스타일 중에 소자본으로 요식업계에 뛰어들어 성공을 노리는 사람도 있을 것이다. 나는 항상 기본을 중요하게 본다. 꿈이 얼마나 크건 기본이 되어 있지 않으면 그 사람은 허풍만 심할 뿐 별 볼 일 없다고 생각한다. 언제나 나의 앞길을 가로막는 건 나 자신이기 때문이다.

핑계가 습관인 사람이 그 중 하나다. 사람이 나이가 들면 책임질 것이 많아지고 말 한마디의 무게도 나이가 들수록 점점 무거워진다. 그런데 나이가 들어도 핑계 대기 바쁜 사람들이 있다. 나에게도 정말 상종 못 할 사람이라고 생각하게 된 거래처 대표가 있었는데 그의 행동 패턴은 다음과 같았다.

첫째, 약속 시간을 지키는 적이 없다. 끝없이 핑계를 대며 약속을 몇 시간씩 늦추거나 다음 날로 미룬다. 그렇게 미루고 와서도 끝난 게 아니다. 자기가 하는 사업에 관련한 도구를 다루지 못한다. 일이 제대로 될 리가 있나? 나는 물건이 필요한데 물건이 오지 않으니 장사를 시작하지도 못하는 등 손해를 봤다. 그런데도 자기는 와서 일을 처리했으니 약속을 지킨 거라고 적반하장으로 따지더라.

둘째, 아집이 강하다. 나중에 사정이 딱해 또 쓸데없는 내 오지랖으로 도움을 주고자 했더니 그때부터 별안간 모든 일을 자기중심으로 맞추고 내 주변을 정말 들쑤셔 놨다. 한 번 아닌 걸 알았을 때 다시 품는 마음을 갖지 말았어야 했는데, 오지랖 넓게 나선 내 잘못도 있겠지.

사람은 살면서 누구나 사연이 있고 핑계가 있다. 그런데 업무를 하면서, 그것도 나이를 어느 정도 먹은 일인 기업 대표가 약속을 지키지 않고 계속 이런저런 핑계를 대며 자기 합리화를 한다면 그 누가 신뢰할 수 있을까? 하나를 보면 열을 안다고 했다. 다른 데 가서도 잘할 리가 없다. 나중에 여기저기서 얘기를 들어보니 정말 막장이 무엇인지 잘 보여주는 사람이었다. 주변인들이 이런 말을 하더라. "도대체 왜 그 사람이랑 일하는지 이해할 수 없다", "이번엔 좀 오래가나 했더니 역시나 똑같더라"라는 말. 핑계는 나에게만 아름답다. 결국 그 핑계는 나에게 올가미가 될 것이다.

'당연한 것을 당연하게 하는 것, 상식대로 살아가는 것'이야 말로 가장 실천하기 어려운 일 중 하나다. 실천하기만 하면 세상을 살아가는 데 크게 문제가 될 것은 없다. 하지만 우리는 이런 평범한 것을 하찮게 여기고 실천하지 않아서 생기는 문제를 너무나도 많이 보아 왔다.

나도 오지랖이 넓어서 누군가 장사가 안된다고 하면 가서 이것저것 이야기를 나누고 밥도 한 끼 팔아 드리고 오곤 한다. 그때마다 한 가지 안타까운 마음이 드는 건, 방송에 나오는 철저하게 '대본에 의한 빌런'이겠거니 하고 생각하는 사례가 창업자들 사이에 정말 많다는 것이다. 이쪽 일을 하는 분들이라면 아마 다들 아실 거로 생각한다. 모두 다 당연한 걸 지키지 않고, 상식대로 하지 않기 때문에 생기는 문제다.

누구나 나의 삶이 조금은 특별하길 원한다. 그래서 누구나 할 수 있는 일에 대해서는 과소평가한다. 누구나 다 아는 사실이니까 하찮은 것이라 생각해 실행하지 않고, 무언가 남들이 안 하는 것을 하려고 한다. 그래야만 된다고 생각한다. 평범한 것을 거부하기에 요행을 바라고, 요행을 바라기에 기행을 하고, 기행으로 말미암아 쇠락의 길을 걷는다.

인테리어만 보아도 그렇다. 새로 개업하는 매장 중에는 가끔 이 상권 내에서 좀 튀어보겠다는 느낌으로 인테리어를 하는 곳을 볼 수가 있는데, 본질을 중요시하지 않는 집치고 잘되는 집은 정말 찾아보기 드물다.

나라면 인테리어에 사용할 비용을 조금씩 쪼개어 조금 더 좋은 재료를 구입하는 데 사용할 것 같다. 앞서 이야기했듯 작은 가게를 개업할 때는 초기 비용이 가장 중요하다. 배보다 배꼽이 크면 안 되기 때문이다. 그런 이유로 개업할 때면 항상 인테리어가 원상복구되지 않은 채 공실로 남겨진 자리만 골라 개업했다. 개인적 취향으로는 맘에 들지 않았고, 보기에 썩 훌륭한 인테리어도 아니었으나 장사를 하는 데 있어 그것이 방해가 된 적은 없었다. 결국, 좋은 재료를 사용해 정성스레 만든 음식은 손님이 인정해 줄 수밖에 없다고 생각한다.

튀르키예의 유명한 인플루언서 '솔트 배'가 우스꽝스럽게 소금을 뿌려도 그가 운영하는 가게의 스테이크는 기본을 갖췄다. 내 요리가 플레이팅 없이 밥 위에 던지듯 흐트러져서 하찮아 보이게 나가도 나는 음식의 기본을 지키고 있다.

드럼계의 본좌 '데이브 웨클'은 드럼 실력으로는 그 위에 누구도 없다는 드럼계의 거장이다. 그런데 그 역시 스승이 있다. 세계 최고의 자리에 올라서도 꾸준히 스승을 찾아가 가르침을 받는다고 하니 참으로 아이러니한 일이 아닌가!

사업주에 따라 추구하는 방향은 각자 다르다. 나는 캐주얼하고 편하게 먹을 수 있는 집밥처럼 꾸며지지 않은 밥을 만들고, 누군가는 음식을 예술의 영역으로까지 승화시키려 한다. 또 누군가는 음식 사업을 플랫폼화하여 유연하게 확장시키는 것을 목표로 한다.

그저 방향만 다를 뿐 그들은 각자의 영역에서 당연하고 상식적인 길을 가고 있다. 나와 다르다고 해서 잘못된 방법이라고 욕할 필요도 없고, 누구나 아는 당연한 것을 이야기한다고 우습게 볼 일도 아니다. 각자가 자신의 길을 묵묵히 가는 과정이기 때문이다.

당연한 것은 당연하기에 특별하고, 상식은 상식이기에 지키기 어렵다. 누구나 알만큼 널리 퍼지고 오랫동안 전해져 왔다는 것은 그만큼 시대를 초월하는 특별함이 있기 때문이 아니었을까? 그래서 나는 누구나 아는 그런 당연하고 하찮아 보이는 것을 가르치는 것, 그리고 그것을 진정으로 배우고 행하는 것이 그 무엇보다 귀하고 중요한 가치가 되었다고 생각한다. 비단 요식업에만 통용되는 이야기는 아닐 것이다.

작은 가게 확장하기
—달걀은 나누어 담아야 한다

장사가 잘되면 보통 옆 가게를 하나 더 얻어서 늘려볼까 하는 생각을 하기 마련이다. 주변을 보면 성공하는 케이스도 있고 실패하는 케이스도 있는데, 아무래도 좋은 결과보다는 안 좋은 결과를 보는 경우가 더 많은 것 같다.

물론 매장이 커지면 손님이 더 오는 것은 맞다. 하지만 기존 매장을 확장하는 것과 작은 가게를 하나 더 내는 것 중에 고르라면, 작은 가게를 하나 더 내는 쪽을 선택하겠다.

판교 매장의 경우 점심도 그렇지만 저녁에 항상 대기가 있고 오피스존임에도 예외적으로 저녁 매출이 더 많았다. 손님들도 옆 매장으로 더 확장하면 어떻겠냐고 의견을 주셨다. 그러나 오피스존이라는 신규 유입이 거의 없는 상권에서 과연 수요가 얼마나 늘 것인가에 대한 고민이 많았고, 신규 매장은 관리가 용이한 인근의 다른 상권으로 들어가는 게 낫다고 판단하였다.

결과적으로 이 판단은 옳은 판단이었다. 가게 손님 중 상당 부분을 차지했던 B 회사가 인근 상권으로 옮겨갔다. 그럼에도 저녁 매출은 비슷한 양상을 보였지만 그전처럼 대기 줄을 서는 상황은 아니었고, 손님들이 그저 꾸준히 채워지는 수준에 불과하게 되었다. 상권은 언제 어떻게 변할지 모르기 때문에 한 자리에서 확장하는 것은 위험할 수 있다. 상권의 변화에 따라 언제 빠져나와도 문제가 없도록 펼쳐놓는 게 중요하다.

인스타 맛집이나 방송 맛집이라면, 운영상의 문제가 없다는 가정하에 확장하는 것이 분명 많은 이득이 있을 것이다. 그게 아니라면 아무래도 수요가 뻔한 오피스존에서 손님을 더 끌어모으는 것보다는 새로운 수요를 창출해 낼 수 있는 장소에 신규로 매장을 하나 오픈하는 게 조금은 더 안전하지 않을까?

신규 매장을 오픈하기로 결심했다면, 필수적으로 계약이라는 단계를 거치게 된다. 이때 작은 가게라고 해서 저자세로 나갈 필요가 전혀 없다. 급할 게 없기 때문이다. 항상 이 말을 기억하자. '세상은 넓고 상가는 많다.'

스타벅스가 언제 건물주에게 들어가게 해달라고 부탁하는 거 봤나? 아, 우리는 스타벅스가 아니라고? 정확히 맞는 말이다. 근데 뭐… 스타벅스 아니면 스타벅스처럼 폼 좀 나게 행동하면 안 되나? 항상 말하지만 우리는 돈이 없지 '가오'(자존심이나 체면을 속되게 이르는 말)가 없는 게 아니다.

내 장사가 될 장사라면 여기서든 저기서든 된다. 여기서만 되는 장사는 없으니, 마치 이 자리에 꼭 입주해야 할 것처럼 조급하게 굴 필요는 없다.

나는 항상 스타벅스 같은 고자세로 계약을 했다. 그렇다고 스타벅스처럼 있는 척했느냐고? 아니, 나는 아무것도 없지만 이 자리가 맘에 드는데 자리를 내 조건에 맞춰서 줄 수 있느냐고 물어봤다.

안 된다면 툭툭 털고 일어나면 그만. 근데… 사람이라는 게 돈 앞에 약해지기 마련이다. 건물주를 상대로는 계약이 성사되기 어렵겠지만, 상가 한 개 호실을 갖고 있는 주인이라면 내가 돈이 없더라도 충분히 갑질(?)을 할 수 있다.

한 가지 재미있는 이야기를 하자면, 모 대형 푸드코트에 입점하려고 했을 때 다른 유닛들은 보증금 5천에 계약을 했다(물론 아닌 곳도 있었을 것이다). 나는 그때 보증금 1천까지 내린 적이 있다. 아니, 협상할 때 뭐라고 했길래? 그때 내가 한 얘기는 "저 림 꼬또예요"였다. 거짓말인 것 같지만 사실이다. 물론 뒤에도 한참 많은 얘기를 주고받긴 했지만, 첫 마디는 그것이었다. 담당자는 속으로 생각했겠지. "미친놈인가?"

참고로 스타벅스 이야기가 나와서 말인데, 판교 권역에 제정신이 아닌 것 같은 커피숍이 하나 있다. 내가 아주 좋아하는 커피숍이다. 사장님이 천재인지 스타벅스 옆에서만 오픈한다는 소문이다. 심지어 스타벅스보다 더 비싸다. 근데 장사는 또 어마어마하게 잘된다.

장사를 시작한다면 내가 아무리 덩치가 작아도 골리앗 하나 정도는 비벼볼 만할 실력을 갖추어 놓고 시작해야 한다.

솔직히 장사를 하면서 '운칠기삼' 혹은 '자리가 7이고 마케팅이 2이고 기술이 1이다'라는 소리를 숱하게 들어왔다. 하지만 난 그만한 엉터리 주장도 드물다고 생각한다. 실력 없는 자들이 바라는 일종의 요행일 뿐이다. 기술 10으로 성공할 실력을 갖춘 상태에서 운칠기삼을 논하는 자와 애초에 가진 기술이 3밖에 되지 않기에 운이 7이라고 논하는 자, 그리고 기술이 1밖에 되지 않기에 자리와 마케팅으로 9를 논하는 자. 이건 시작부터 다르고 무게감부터가 다르다.

물론 현실은 공평하지 않다. 아무나 기술 10을 갖고 시작할 수는 없다. 그러나 창업을 하고자 결심했다면 마음만은 늘 기술 10을 향해 있어야 한다.

작은 가게의 운영에는 무언가 특별한 게 있다

● 작은 가게를 운영할 때와 큰 가게를 운영할 때 다른 점이 있을까? 당연히 있다. 그중 중요한 몇 가지를 정리해 보자.

첫째, 흔히 말하는 시그니처, 즉 킬러 메뉴가 하나는 있어야 한다. 그러면 내가 하고 싶은 요리를 할 수 있다. 왜냐하면, 그 메뉴 하나가 단골을 만들고, 그로 인해 충성도가 높아진 손님들은 다른 메뉴가 조금 모자라도 그 메뉴에 대해 관대해진다. 오랜 기간 가게를 찾아 주신 단골손님들께서 감사하게도 우리 가게에 지어준 별명 중 하나는 '믿고 먹는 림 꼬또'다. 어떤 메뉴라도 요리에 모자람이 없다고 생각하신다.

특별 한정 메뉴로 돈카츠가 나오면 18,000원에 판매하는데 우리 손님들은 이건 무조건 먹어야 한다고 말씀하신다. 단골손님 팀, 예를 들어 여섯 분이 오시면 18,000원짜리 6개를 주문한다. 더럽게 비싼데… 지금 아니면 못 먹는 메뉴니까. 소진될 때까지 그것만 시키신다. 바로 '아기 돼지의 눈물'이라는 메뉴다. 말도 안 되게 맛있는 저 세상 돈카츠. '아 이거 드시면 다른 돈카츠는 그냥 커피지. 아돼눈은 TOP이고.' 우스갯소리지만 나는 이 요리에 이 정도로 자신감이 있다. 여러분도 스스로 자신 있게 내놓을 수 있는 메뉴가 하나 정도는 반드시 있어야 한다.

여하튼, 어딜 가도 자신 있게 내놓을 수 있는 메뉴가 있어야 내가 하고 싶은 요리를 할 수 있다. 한 가지 예를 더 들어보자. 나는 우리 매장에서 라멘을 처음 시작했을 때, 남들이 아무도 안 하는 규고츠(소뼈) 라멘 한 가지만 판매했다. 무슨 일이 일어났을까?

"이게 라멘이에요?"라는 단골들의 질문, 나의 대답은 너무도 명료했다. "돗토리현 지역에서 많이 먹는 규고츠 라멘입니다."

단골들의 대답은 더욱 명료하다. "아 그렇구나."

한 번 드시고 안 드셨을까? 안 팔렸을까? 아니, 정말 많이 팔렸다. 왜냐고? 믿으니까. 이게 손님의 신뢰를 얻은 킬러 메뉴로부터 나오는 힘이다.

그에 반해, 내가 아는 한 라멘 장인이 있다. 그분이 처음 가게를 오픈했을 때 자신이 좋아하는 스타일의 라멘을 만들려고 했다. 손님들의 반응은 어땠을까? 뭘 어때. 신뢰가 없는 신규 가게인데….

라멘의 룰을 따르지 않는 라멘을 만들었으니 손님들의 불만이 있었겠지. 그래서 그분은 자기 스타일의 한국식 라멘을 만들겠다며 거창하게 시작했으나 결국 정통 일본식 라멘을 제대로 만들어 팔기 시작했다.

그분의 라멘과 내 라멘 중 어떤 라멘이 더 정통에 가깝고 맛있었을까? 당연히 그분의 라멘이다. 하지만 손님들은 그분보다 나의 말을 더 신뢰했다.

둘째, 양은 정확하게 하자. 많이 주는 건 티 나게 많이 줘야 오해가 없다. 단골이든 아니든 정량은 무조건 지켜라. 혹시라도 많이 나가면 무조건 많이 나갔다고 말을 해야 한다.

왜냐고? 안 그러면 "여기는 예전보다 양이 줄었어"라는 말이 무조건 나온다. 손님들은 "오늘 양이 많이 나왔네"라는 느낌은 잘 받지 못한다. 반대로 "저번보다 양이 줄었네"라는 느낌은 명확하게 기억한다.

그래서 평소보다 양이 많이 나갔다면 유별나게 티를 내야 한다. 나는 티를 내면서 한 마디 덧붙인다. 다음에 양이 적으면 그게 정량이라고 생각하시면 된다고.

셋째, 서비스와 환불은 화끈하게 하자. 내 잘못이 아니라 하더라도 대처가 화끈하면 뒤끝이 좋다. 림 꼬또는 음식에 문제가 생겼을 때 화끈한 서비스와 환불을 가장 중요하게 생각한다. 음식에 무언가 문제가 생겼다면 돈을 받지 않는다. 이 원칙은 우리 가게에서는 매우 당연한 일이다.

다음과 같은 사례가 있었다. 음식에서 특이한 머리카락이 나왔는데 한 번은 노랗게 염색된 긴 머리, 한 번은 보라색 긴 머리였다. 림 꼬또의 주방을 비롯해 홀까지, 노란 머리는 없었고, 그 정도의 긴 머리 역시 없었다. 손님을 의심하는 건 당연히 금물이지만, 그 팀에 그 길이의 노란색 머리를 가진 손님과 보라색 머리를 가진 손님이 계셨다.

그렇다고 해도 잘못은 잘못이다. 이때 우리가 취한 행동은 "죄송합니다. 오늘 음식은 무료로 제공하고 새 음식으로 바꿔 드리겠습니다"였다. 그 손님은 그날 사건의 전말이 어찌 되었건 판교 테크노밸리점 영업이 종료될 때까지 자주 오시는 단골이 되었다.

넷째, 상권마다 찾아오는 손님의 성별 비중에 차이가 있다는 점을 알고 전략적으로 접근해야 한다. 가게에 방문하는 모든 손님이 중요하지만, 오피스존 등의 항아리 상권에서는 남자 손님을 잡아야 한다. 일반적인 식사를 제공하는 작은 식당에서 남자 손님이 차지하는 비중은 매우 크기 때문이다. 반대로 바이럴 효과를 원하는 번화한 상권, 혹은 고급스럽고 예쁜 인테리어와 그에 어울리는 요리를 제공하는 매장이라면 여성 손님의 마음을 사로잡을 수 있느냐 없느냐가 가장 중요한 포인트가 될 것이다.

사람마다 다르긴 하지만 일반적으로 남자 손님은 매일 같은 음식을 드시는 데 거부감이 덜하다. 나와 같은 소상인에게는 가장 힘이 되는 손님이다. 힘이 된다는 것은 비단 경제적인 부분만이 아니라, 우리 음식을 좋아해 주시는 모습을 보는 것만으로도 매장을 운영하는 주인으로서는 매우 기쁜 일이다.

우리 가게의 경우는 회사를 이직하기 전까지 일주일에 세 번 이상은 꼭 오셔서 달콤치밥이라는 메뉴 하나만 일 년간 드신 손님이 계신다. 또 저녁마다 오셔서 매운삼겹덮밥을 드시는 손님들도 계셨다. 물론 개인 성향 차이는 있지만, 경험상 단순화해 구분해 보자면, 여성 분들은 새로운 메뉴를 찾아 식도락을 즐기는 경향이 있는 반면, 남성 손님은 음식이 입맛에 맞는다면 매일 같은 음식을 즐겨 드시는 경향이 있었다.

작은 가게 맞춤형 사장과 직원은 따로 있다

좋은 리더의 순위를 살펴보자.

1위, 게으르고 똑똑한 리더: 사람을 적재적소에 배치할 뿐만 아니라 잘 부림.
2위, 부지런하고 똑똑한 리더: 자기가 다 하다 보니 사람을 잘 못 부림.
3위, 게으르고 멍청한 리더: 아무것도 몰라서 밑에 사람이 그나마 수습함.
4위, 부지런하고 멍청한 리더: 아무것도 모르는데 부지런하기까지 해서 수습이 안 됨.

자, 이제 우리는 게으르고 똑똑한 리더가 되어보자. 혹자는 '리더라는 게 규모가 있는 기업체에나 필요하지 작은 가게에 굳이 필요한가?'라고 물을 수 있다. 나는 아직 똑똑하진 않지만 그래도 직접 경험했던 사례를 하나 이야기하고자 한다.

내가 운영했던 야옹제면소 수내점의 점장은 스무 살이었다. 요리 경력은 없다. 운동을 하던 어린 학생이다. 대학교 휴학을 하면서 군대 가기 전까지 우리 집에서 점장으로 계속 일할 예정이었다.

물론 중간에 그만두는 바람에 매장을 정리했지만, 여튼 그 매장은 혼자서 완벽하게 운영됐었다. 나는 가끔 가서 새로운 메뉴 조리법을 알려주거나 가게의 소소한 세팅을 해주었다. 세팅 후에는 내가 가르쳐준 대로 점장이 혼자 운영하였는데 평가도 괜찮고 손님의 만족도도 매우 높은 편이었다.

스무 살 청년을 어떻게 믿고 가게를 맡길 수 있었을까? 아마 믿을 수 없어 하는 분도 있을 것이다. 그런데 당시 나는 그가 일을 가장 잘할 수 있는 곳을 알고 있었다. 사장 눈치 안 보고 편하게 일할 수 있는 매장, 일정 수준 이상의 퀄리티가 보장된 음식을 뽑아낼 수 있는 조리 교육, 일을 배우는 이도 즐겁고 일을 시키는 나 역시 만족스러웠다.

내가 직접 운영하는, 음식 맛에 올인하는 매장과 사장이 직접 일하지 않아도 돌아가는 풀 오토 매장의 운영 방법은 당연히 달라야 한다. 사업을 조금이라도 더 편하게 하고 싶다면 그리고 직원이 즐겁게 근속할 수 있게 하려면 게으르고 똑똑한 리더가 되고자 노력해야 한다.

요식업을 하면서 듣게 되는 사장님들의 고충 중에서 가장 골치 아픈 건 아무래도 직원 문제다. 사람 일이라는 게, 특히나 요식업에서의 사람 일이라는 건 정말 수많은 난관 앞에 봉착하는 일이다. 꼭 일을 배우고 싶다고, 정말 열심히 하겠다던 사람도 하나하나 찬찬히 가르치려고 보면 한 달도 안 되어 힘들어서 못하겠다고 그만둔다. 설거지하다가 인생 밑바닥인 느낌이 들어서 못하겠다고 그만두는 이도 있다.

그런데 이런 문제는 사실 큰 문제는 아니다. 어차피 내 위주로 돌아가는 가게에서 직원에게 고충이 있어 발생한 문제이기 때문이다. 정말 큰 문제는 직원이 사장을 무시하는 경우다. 주로 주방을 모르는 사장이 운영하는 가게에서 흔히 생기는 일이다. 단순히 무시만 하면 거기까지는 또 참을 수 있다고 생각하겠지만, 사장을 우습게 알고 재료부터 시작해서 가게 운영에까지 관여하여 장난을 치기 시작하면 걷잡을 수 없게 된다. 그 직원이 없으면 가게가 돌아가지 않으니 사장은 이러지도 저러지도 못하는 상황이 된다.

매번 직원 비위를 맞춰줘야 하고 이것저것 눈치만 보느라 받게 되는 사장의 스트레스야 말할 것도 없다. 더 큰 문제는 주방 책임자가 맘에 안 든다고 갑자기 그만둬 버리면 작은 가게는 아예 운영이

멈춰 서버리게 된다. 따라서 사장이라면 반드시 주방을 알아야 한다. "너 나가면 내가 하면 돼" 정도의 자신감이 있어야 문제가 생기지 않는다.

직원은 직원의 역할만 할 수 있도록 하는 것이 좋다. 돈이 정말 많으면 창업할 수 있지만, 창업이 돈만 있다고 되는 건 아니다. 돈이 너무 많아서 고민이 아니라면 배워야 한다. 작은 가게일수록 더 그렇다. 반드시 남의 가게에 들어가서 배울 필요는 없다. 돈을 내고 배우던 유튜브를 보고 배우던 능력껏 배워야 한다. 주방장을 손바닥 위에 놓지 못하면, 그 가게는 바람이 불면 금방 흩날려 사라져버릴 것이다.

또 하나 덧붙이자면 간혹 지인을 고용하게 되는 경우도 있는데, 이때 주의해야 할 점은 모든 사람이 그런 건 아니지만, 참 많은 것을 바란다는 점이다. 일하면서 섭섭한 점을 어떻게든 찾아내는 사람도 있다. 단언컨대 지인을 고용할 생각이라면 처음부터 다 퍼줄 생각으로 고용하는 것이 심신의 안정에 좋다.

평소 공과 사는 명확하게 구별해야 한다고 생각하는 사람 중 하나지만, 세상 사람들이 모두 나와 같진 않다. 그리고 인생을 살다 보면 세상엔 진짜 별의별 사람이 다 있다. 내가 상상도 할 수 없는 빌런들이 실제로 존재한다는 것을 잊지 말아야 한다.

집에 일이 있다면서 늦게 나오고, 자신이 하는 부업 때문에 바빠서 일찍 가야 한다고 하면 돈을 주고 고용하는 입장에서는 어떻게 하라는 건가?

개인의 사정을 모두 이해해 주고, 일 안 하고 일찍 들어가도 화 안 낼 수 있으며, 하라는 거 안 해도 월급을 기쁘게 챙겨줄 수 있다면 그때 지인을 고용하는 것을 고려해도 늦지 않다. 고용하라는 것이 절대 아니다. 그때가 고용할지 말지를 비로소 고민할 수 있는 시점이다.

지금까지 피고용인의 조건에 관해 이야기했지만, 속된 말로 '사장 놈들'에게도 부탁이 있다. 제발 밥 좀 아끼지 말자! 평소 진짜 이건 아니다 싶은 분들이 있는데, 어떻게든 아르바이트 밥 안 주려고 머리 굴리는 분들이다. 아니 그거 얼마나 한다고… 일하는데 밥 좀 주면 안 되나?

나는 좀 유별난 편이라 막 퍼준다. 우리 집에서 단 하루라도 아르바이트를 했다면, 그 사람은 우리 가게가 폐업하지 않는 한 언제 가게를 찾아오더라도 공짜로 밥을 먹을 수 있다. 뭐 매일 오는 것도 아니고… 단 하루일지라도 같이 한 전기밥솥 밥을 먹었는데 그거 못 주겠나. 자, 그렇다면 밥의 힘이 얼마나 위대한지 보여주겠다.

이 친구는 6월 20일경 아르바이트를 그만둔 친구다. 어느 날 내가 문자를 보냈다. '7월 31일 풀 타임 가능하니?' 이 메시지를 본 친구의 답변은 굉장히 명료하다. '넵.' 묻지도 따지지도 않는다. 왜냐고? 내가 밥 잘 줬잖아. 그리고 지금 이 아이는 4년이 지난 지금 다시 상현동 매장에서 아르바이트를 하며 우리 딸아이의 과외 선생을 겸하고 있다.

밥 대접을 잘해준 아르바이트들은 나중에 남친도 데려오고, 친구도 데려온다. 혼자 가게에 찾아와서 당찬 목소리로 밥을 내놓으라며 밥도 싹싹 잘 먹고 간다. 혹여 친구들이랑 같이 오면 본인 밥 공짜에 서비스가 미친 듯 나가니 좋지 않겠는가. 이 아르바이트들은 내가 급할 때 언제라도 '땜빵'을 할 준비가 되어 있으며, 아르바이트 좀 구해오라고 하면 어떻게 해서든 다른 아이들을 구해온다. 왜냐고? 소개해 줘도 친구들한테 미안하지 않은 가게니까. 딸아이의 과외 선생을 겸하고 있는 친구는 하루 아르바이트를 구해달라니까 자기 엄마를 우리 가게로 보냈다. 예뻐하지 않을 수 없다.

당신이 작은 가게를 계약할 때 꼭 유념해야 할 점

● 첫째, 가게를 계약할 때는 상대가 대기업이라고 해도 믿어선 안 된다. 가게를 계약할 때 일반적으로 개인 대 개인의 계약이 많지만 대형 빌딩이나 특수 상권의 경우 대기업과 계약하는 경우가 종종 있다. 일반적으로 기업이 크면 공정한 거래를 하겠거니 생각하겠지만, 사실은 그렇지 않다. 대형 법인 등과 계약할 때 반드시 확인하고 주의를 기울여야 할 점들을 알아보자.

일반적으로 대기업 혹은 부동산 전문 법인의 건물에 입주할 때 흔히 건물주인 대기업과 직접 계약한다고 생각하겠지만, 실제로는 부동산중개법인과 계약을 하게 된다. 내가 있던 건물의 경우 운영 주체가 건물주, 자산관리법인, 건물 관리단으로 구성되어 있었으며 계약에 관련해서는 권한을 위임받은 부동산중개법인이 맡았다.

이 경우 일반적으로 건물에 대한 세부 내용 등 계약의 모든 사항을 부동산중개법인을 통해 확인하고 진행하게 된다.

그런데 이 계약의 문제는 부동산 중개법인의 영업직은 말 그대로 수당을 받는 영업직이고, 물론 모든 사람들이 그런 건 아니지만 일부 비양심적인 영업자들이 존재한다는 것이다. 이들은 건물에 대한 정보를 속이거나, 실제로 불가능한 것을 가능하다고 잘못 전달하기도 한다. 심지어 기본적인 건물 넓이를 확인하지 않거나 냉방 컨디션, 수도, 가스, 배기관 등 현재 건물의 상태를 모르거나 속인 채 계약을 진행하기도 한다. 일반적으로 큰 기업이라는 이미지가 주는 신뢰감으로 인해, 계약하는 임차인으로서 당연히 확인해야 할 것들을 느슨하게 하는 경우가 발생하는 것이다.

예를 들어, 구내식당이 들어오기로 되어 있는데도 들어오지 않는다고 잘못된 정보를 전달하거나, 문을 외부로 낼 수 없는데 낼 수 있다고 하거나, 휴일 영업에 대한 내 의견을 건물주에게 다르게 전달하여 문제를 일으키는 등 영업의 행태는 기존의 수당 따먹기 식 영업과 다르지 않다. 다만 다른 건 대기업을 뒤에 세우고 굉장히 그럴싸하게 포장을 잘해놓아서 티가 잘 나지 않는다는 것. 그래 놓고서는 나중에 구두로 설명한 내용에 대해 자신은 그런 얘기를 한 적 없다며 발을 빼는 경우가 대부분이다. 왜냐하면 그들은 계약을 하고 수당을 챙기면 그걸로 끝이기 때문이다.

대기업과 계약을 할 때 반드시 확인해야 할 점들에 대해 정리해 보았다.

1. 계약서에 도장을 찍는 직원이 건물주 소속인지 중개법인 소속인지 확인한다.
2. 중개법인 소속이라면 절대로 영업인의 말만 믿어선 안 된다.
3. 구두로 확인을 했다고 해도 따로 녹취 파일을 남겨놓거나 계약서 상에 관련 내용을 반드시 명기해야 한다.
4. 영업인이 이야기한 내용이 맞는지 건물 관리단 팀장급을 찾아가서 반드시 확인한다.

대충 이 정도만 해도 나중에 큰 문제는 생기지 않을 것이다.

둘째, 한때 점포 공유의 형태로 창업하는 게 유행했던 적이 있는데, 역시 업체를 믿지는 말아야 한다. 나의 경험으로 그들은 종종 자신의 결정에 대해 책임을 지지 않는 경우가 있었다. 한 점포 공유 업체를 직접 만나서 일을 진행한 적이 있었는데, 비록 스타트업이지만 큰 꿈을 갖고 시작했으니 나는 적어도 그들이 프로페셔널하다고 여겼다.

그런데 웬걸, 허접해도 이렇게 허접할 수가 있을까. 점포에 대해 나보다 아는 게 없고, 입주하려는 해당 상권에 대해서도 나보다 아는 게 없었다. 임대인의 말만 그대로 믿고는 크로스 체크도 없이 소개해 준 점포는 그야말로 엉망이었다. 문제는 이뿐만이 아니었다. 계약서도 자신들이 잘못 작성해 놓고는 자신들의 잘못이 아니라며 우기는 게 아닌가. 그래도 양심 있는 부하 직원이 나서서 업체 측에서 작성했으니 업체 측의 실수라고 인정하는 어이없는 일도 있었다.

모든 사업을 불문하고 컨설팅을 한다는 업체 중에서 양심 있는 업체를 찾는다는 것은 매우 어려운 일이다. 열정은 있으나 정작 실력이 없는 업체도 부지기수다. 나도 사업을 오래 하긴 했지만, 그때까지만 해도 대기업 출신이라며 명함을 내미는 사람들이 그렇게까지 허접할 수 있을 거라고는 상상도 못했다.

무엇이 되었든, 최종 결정은 본인 스스로 하는 것이고 그에 대한 책임도 사장 본인에게 있다. 그래서 검증하고 또 검증하고, 재차 확인해야 한다.

일부 양심 있는 사람을 제외하고는, 창업 컨설팅 업체나 영업 대행업체는 언제나 당신을 삼킬 준비를 하고 있다고 해도 과언이 아니다. 일반적으로 창업을 아예 모르는 상태에서 처음 시작하거나 혹은 어느 정도 창업 경험을 쌓고 조금 더 사업을 확장해 보자는 생각을 하게 될 즈음, 인터넷과 유튜브를 뒤적거리다가 창업 컨설팅 혹은 영업 대행하는 업체를 발견하게 된다.

다들 자신들이 실력 있다며 맡겨만 달라는데 정말 그럴까? 나 역시 실제로 겪은 사례가 있다. 모든 업체가 다 그렇지는 않지만,

창업을 준비하는 분들이라면 참고하면 좋을 것이다.

사업 다각화를 위해 찾은 모 업체는 계약하기 전 자신들과 오랫동안 거래한 소스 회사도 있고, 인플루언서들을 여럿 알고 있다고도 했다. 그러나 계약을 체결하고 보니 해당 회사는 컨설팅 업체와 전혀 신뢰 관계가 형성되지 않았으며 홍보 쪽도 마찬가지였다.

게다가 나중에는 은밀한 새 제안을 하기까지 했는데, 일반적으로 이런 식의 추가 제안이 오면 대부분 기존에 돈을 낸 게 아까워서 울며 겨자먹기로 추가금을 내고 계약을 진행하는 경우가 많다. 이럴 때는 버린 돈을 아까워하지 말고 바로 정리하는 게 더 많은 돈을 잃지 않는 길이다.

다행히 업체 측에서 돈을 돌려주겠다고 하여 돈은 돌려받았지만, 그 돈 안 받으면 그만이라는 생각으로 계약을 파기하겠다고 통보했던 사례다. 정리하자면, 초보 창업자가 조심해야 할 창업 컨설팅 업체는 다음과 같다.

첫째, 회사 인원이 어느 정도 있고 규모 있게 돌아간다. 이는 고정비가 많다는 것이다. 나가야 할 돈이 많으니 호구들의 피를 최대한 많이 빨아서 회사를 유지해야 한다.

둘째, 유튜브 구독자나 인터넷 카페 회원 수 등은 많은 데 비해 조회수는 거의 나오지 않는다. 구독자를 샀을 가능성이 높다. 실제 창업 예정자들의 유입이 거의 없다는 뜻. 즉, 그들의 주장처럼 수많은 창업 예정자들이 구독하고 있어서 신규 창업자가 꾸준히 유입된다는 말은 거짓이다.

셋째, 계속해서 추가 비용을 요구하거나 내가 필요로 하지 않는 서비스까지 무조건 일괄로 계약하라고 강요한다. 계약하지 않는 것이 상책이다.

창업 스토리

왜 MSG와 기본 향신료를 안 쓰나?

사람들에게 농담 삼아 내 요리에 MSG까지 넣으면 다른 집은 장사하지 말라는 얘기냐며 우스갯소리를 하곤 한다. 하지만 사실 MSG를 사용하지 않는 이유는 따로 있다. 미국 FDA에 의해 '차이니즈 레스토랑 신드롬(MSG 가득한 중국음식을 먹으면 속이 더부룩하고 목이 마른 현상)' 유발 물질이 아니라는 인증을 받은 MSG지만, 밖에서 음식을 사 먹으면 하루 종일 목이 마르거나 자주 배탈이 나는 건 나 역시 마찬가지였다. 그래서 우선 속이 편한 음식을 만들어야겠다는 생각을 한 게 첫 번째 이유였다. 간혹 음식에 조미료가 들어가지 않았다는 사실을 손님들이 먼저 알아보기도 한다. 그분들은 대부분 외식을 하면 배가 불편하다고 하셨다. 그 손님들이 편안하게 드실 수 있는 음식을 차려내는 것이 내겐 가장 중요했다.

손님께 음식을 대접하는 내 정성을 몇 톨의 MSG 따위로 퉁치지 않겠다는 마음도 컸다. 기승전 MSG로 수렴하는 음식의 감칠맛으로 인해 먹다 보면 음식이 물리는 느낌이 싫었다. 조금 심심해도 먹고 나면 또 생각나는 음식을 만들어야겠다고 생각했다. 물론 요리의 고수들은 MSG를 쓰면서도 매일 먹고 싶은 음식을 만들 수 있을 것이다. 하지만 난 그 정도 실력은 되지 않는다.

이런 노력 덕분인지 우리 가게에는 일주일에 4~5일씩 오는 손님들이 꽤 많았다. 그들의 의견은 공통적이다. "먹을 때 확 당기는 맛은 없지만 물리지 않는다", "먹고 나서 일하다 보면 또 생각난다."

향신료도 마찬가지다. 손님들이 라멘을 드시다가 가끔 마늘을 달라고 하면 굉장히 당황스럽다. 왜냐면 나는 마늘, 파, 생강, 후추 등 한국인이 좋아하는 필수 향신료를 사용하지 않기 때문이다. 이때도 농담 삼아 제 요리에 향신료까지 쓰면 다른 집은 장사하지 말라는 얘기냐고 웃으며 얘기하곤 한다. 무엇보다 꼭꼭 숨겨 놓은 비법을 못 찾는 사람들을 볼 때의 재미가 있다고나 할까? 손님들에게 "저희 음식엔 마늘, 생강, 파, 후추 안 써요"라고 이야기하면 "진짜요?"라며 깜짝 놀라곤 한다.

조리 스킬로 마늘향의 빈 부분을 숨기고 생강과 후추 향의 부재를 느끼지 못하도록 만들어 손님에게 서빙하는 일보다 재미있는 일은 없다. 가끔 단골손님에게 마늘을 사용한 음식을 드릴 때가 있는데 그때도 손님들은 평소와 다른 특별함을 잘 느끼지 못한다. 왜냐하면, 내가 만든 음식은 마늘을 쓰나 쓰지 않으나 맛과 향의 차이가 거의 없기 때문이다.

| 5장 |

소자본 저위험 창업 성공 스토리

나이가 들어 현실에 안주하는 순간,

삶은 끝나는 거나 마찬가지다.

언제나 꿈을 꾸어야 한다.

그 꿈은 이루어지면 좋고,

이루어지지 않는다고 해도 상관없다.

꿈은 우리의 인생에 작은 활력소가 되어줄 테니까.

우리를 지치지 않게 해줄 테니까.

첫 번째 매장을 오픈하다

● 세상에는 좋은 말을 해주는 사람이 많다. '사막에도 꽃은 피어난다.' 들으면 참 아름다운 말이다. 사방이 모래로 가득한 사막 한가운데 꽃이 화려하게 피어난 모습, 생각만 해도 참 낭만적이지 않은가? 그런데 우리가 잊지 말아야 할 중요한 사실이 있다. 사막에서 꽃이 피어나려면 개화할 수 있는 여러 조건이 동시에 충족되어야 한다는 것이다.

칠레 북부에 있는 아타카마 사막은 세계에서 가장 건조한 사막으로 유명하며 일부 지역은 수천 년간 비가 내리지 않았다고 한다. 생명이 살기에 매우 척박한 환경이다. 그런데 최근 기후 변화로 이례적인 폭우가 쏟아지면서 사막에 꽃이 만발한 매우 희귀한 광경이 연출되었다. 모래 아래에서 오랜 시간을 인내하며 버텨온 씨앗이 비를 만나자 드디어 싹을 돋우고 만개한 것이다. 형형색색 아름다운 꽃들로 뒤덮인 아름다운 풍경인데 그곳이 불과 얼마 전까지만 해도 척박한 사막이었다니 참으로 놀랍지 않은가?

낭만적인 풍경 앞에서도 세상에 공짜는 없고 원인 없는 결과는 없다는 사실을 새삼 느끼게 한다. 그래서인지 나는 '비 온 뒤에 땅이 굳는다'라는 말을 별로 좋아하지 않는다. 땅이 굳은 후에도 비는 다시 오기 때문이다. 인생은 돌고 도는 것. 지금의 흥함이 영원하리라는 보장도 없고 지금의 힘듦이 영원하리라는 법도 없다. 사막에 피어난 한 송이 꽃과 같이 작은 희망을 싹 틔우고자 한다면 지금이라도 조금씩 나의 삶에 변화를 만들 일이다. 내가 변하지 않으면 주변도 변하지 않기에….

#1. 오픈준비

저렴한 가게를 찾다

돈이 없다면 망할 일도 없다. 당시 난 한때 화이트칼라 직종에 종사했던 직장인이자 백수. 요리를 배운 적은 전혀 없었지만 요리하는 것을 좋아했다. 친구나 지인들을 초대해 음식을 대접할 때면 모두들 내 음식을 맛있게 먹었다.

사실 맛있게 먹는다는 것은 일반인이 만드는 요리라는 기대치

안에서의 '맛있음'이다. 이 맛이 정말 돈을 주고 사 먹을 정도의 값어치가 있는 맛인지는 알 수 없었다. 그러나 사업이 망하자 어차피 다른 길은 없었다. 언제나 넘치는 자신감으로 살아왔던 인생이기에 내 요리는 반드시 통할 거라는 기대를 품고 창업을 준비하였다.

수중에 돈이 없어도 발품을 팔면 얼마든지 알찬 가게를 구할 수 있었다. 당시 분당에 있는 상가들을 둘러보고 있었는데 소식을 들은 한 지인이 밥집을 한다면 추천하지 않지만 단지 게장을 만들 장소가 필요하다면 추천할 장소가 있다며 소개해 준 곳이 수내동에 위치한 상가 지하의 푸드코트였다. 당시 상가에는 5,000원짜리 뷔페와 한 끼에 6,000원 정도 하는 백반집이 영업 중이었고 반 이상이 비어 있는 한산한 곳이었다. 앞서 얘기한 대로 상가 소유주의 넘치는 배려로 비어 있던 상가를 공짜나 다름없이 사용할 수 있게 되었다.

계약을 하고 보니 상가가 전체적으로 휑하긴 하였으나, 점심에 뷔페를 찾는 분들이 꽤 많았고, 백반집도 장사가 꽤 잘 되는 편이었다. 어찌 되었건 푸드코트에 들어왔으니 '푸드코트답게 밥을 팔아보면 어떨까?'라는 생각을 하게 되었다.

편하게, 즐겁게, 혼자서도 만들 수 있는 음식을 고민하다 보니 덮밥을 떠올리게 되었고, 그렇게 영업 준비를 하게 된다. 조금 더 장기적으로 보아 '혹시 나중에 가게가 잘된다면 누군가 우리 가게의 음식을 다른 곳에서 팔고 싶어하지 않을까?', '요리를 전혀 모르는 사람이라도 거의 똑같은 맛을 낼 수 있도록 메뉴를 단순화하면 좋겠군'이란 생각을 하게 되었고, 결과적으로 20석 내외 규모의 매장에서 조리사 일인이 혼자서 손님을 받아낼 수 있는 메뉴로 구성하게 되었다.

또한 메뉴를 준비하면서 든 생각은 저렴한 음식을 판매하는 푸드코트라고 해도 우리 가게만의 색깔이 없다면 아무런 의미가 없다는 것이었다. 푸드코트 내에 있는 여러 식당 가운데 하나가 아닌, 동네 허름한 푸드코트에 자리 잡고 있지만 멀리서도 찾아올 만한 식당이 되어야겠다는 포부를 품게 된다. 그래서 6,000원에서 6,500원 사이인 기본 메뉴(매운삼겹덮밥, 차슈 덮밥)와 더불어 7,900원에서 15,900원 사이의 가격대를 형성하고 있는 다양한 덮밥 메뉴를 준비했다. 당시 상가 식당의 주된 메뉴는 2,000원에서 5,000원 사이의 분식류와 5,000원짜리 뷔페, 5,000원에서 7,000원 선을 유지하는 백반이었다.

#2. 오픈

가게 오픈, 손님을 맞이하다

노하우라는 게 알고 보면 별 특별할 것 없는 경우가 많다. 특히 요리라면 더욱. 무모함을 즐기는 성격 때문일까, 단 한 번의 메뉴

실습도 없이 오직 유튜브를 보고 이미지 트레이닝으로 연습한 후 가게를 오픈했다. 사실은 단 한 번이라도 재료를 사서 연습할 돈조차 없었다. 물론 기본 메뉴인 매운삼겹덮밥은 평소 즐겨 하던 음식이었지만, 팬프라잉 스테이크와 연어 덮밥은 당일 처음 판매를 시작했고, 연어는 가게를 연 날 처음 봤으니 지금 생각해 보면 정말 기가 막힐 노릇이 아닐 수 없다. 연어 껍질을 벗기면서 아내에게 "우와 이거 봐, 한 번에 잘 벗겨져!"라고 했던 기억, 대형 밥솥에 밥을 해본 게 처음이라 밥이 설익어 손님들의 불만이 터져 나왔던 기억도 생생하다.

오픈 전, 가게의 외관은 인테리어라고 할 것도 없이 아무것도 없는 테이블과 주방뿐이다. 테이블과 주방 상단에 쓰여 있는 오직 'LIM COTTO IM BISTRO'라는 글씨만이 이곳이 림 꼬또임을 알려주고 있다. 돌이켜보니 감회도 새롭고, 추억도 생각난다. 참 힘들었지만 무언가 새롭게 시작한다는 설렘이 있던 시절이었다. 옆의 가게 두 곳은 비어 있었고, 상가에서는 우리 가게가 입점한다고 앞에 형광등을 달아주셨다. 그 덕에 가게 앞이 조금은 밝아졌다!

오픈 후의 모습도 별로 달라진 건 없다. 정수기도 없이 야외용 물통에 물을 담았고, 한쪽엔 셀프 서비스용 물컵과 반찬 통, 미소된장국이 덩그러니 놓여 있다. 무얼 파는지 가까이 오지 않으면 알 수도 없는데 무슨 자신감인지 혼자 영어로 쓴 간판에, 어설프게 쓴 메뉴판을 모니터에 띄운 후 장사를 시작했다. 이렇듯 허름한 외형을 하고 있지만, 음식 맛은 고급 레스토랑에 충분히 비벼볼 만했다는 건 안 비밀! 여하튼 2015년 8월 첫째 주 월요일, 우리는 첫 손님을 맞이한다. 2015년 가장 뜨거운 여름을 보냈을 영덕여고 3학년 학생 두 명이었다. 연어 덮밥과 스테이크 덮밥을 주문했다. 치아 교정 중이었던 학생 그리고 포니테일로 묶은 머리에 뿔테 안경을 끼고 있던 학생, 지금은 잘 지내는지 궁금하다. 언제든 가게로 오면 식사는 서비스!

#3. 오픈 비용

첫 번째 매장 오픈에 들어간 비용은?

첫 창업에서 실패하는 원인은 대부분 자신이 해낼 수 있는 한계치를 모른 채 무턱대고 크게 시작하기 때문이다. 수중에 돈이 없었기에 첫 번째 매장에 들어간 돈은 거의 없었다. 이때부터 소자본 창업에 맛을 들인 걸까? 그 후로 매장을 옮길 때마다 굉장히 저렴한 비용으로 창업을 하게 되었다. 여하튼 이 매장의 오픈 비용을 정리해 보자.

보증금 100만 원, 월세 0원(4년 이상 공실인 자리에 들어갔다).

주방 집기 구입 및 가스 연결 비용 250만 원.

총 합 350만 원.

'림 꼬또'는 이렇게 시작되었다.

• 림 꼬또의 요리 철학 •

손님은 다 알고 있다. 그걸 모르면 식당은 망한다.

첫째, 재료는 무조건 좋은 걸 쓴다.
둘째, MSG는 사용하지 않는다.
셋째, 셀프 서비스를 통해 인건비를 낮추고, 절감된 비용을 요리에 투자한다.
넷째, 한 달 목표 매출을 정하고, 그 이상의 이윤을 내려고 욕심부리지 않는다.

#4. 사공의 등장

개업하면 그냥 축하만 해주세요. 필요 이상의 조언은 노노!

귀가 얇은 당신이 정신을 차렸을 때 배는 이미 산에 가 있다.

가게를 개업하자 사공이 등장했다. 하나도 아니고 여럿 등장했다. 사공이 많으면 배가 산으로 간다는데… 이때 가장 중요한 건 선장의 마음가짐이리라.

1번 사공: 20여 년 경력의 요리사

“이런 저렴한 푸드코트에 림 꼬또 같은 가게 이름은 어울리지 않는다. 동네 분위기에 맞게 촌스럽고 기억하기 쉬운 이름으로 해야 한다. 경험이 없어서 잘 모르나 본데 이렇게 하면 망한다.”

그렇게 훈수 두던 그분은 얼마 후 요리 초보인 내가 가게를 잘 운영하는 걸 보고 자신감을 얻었는지, 신규 매장을 오픈했고 몇 달 안 되어 가게를 정리했다.

2번 사공: 아는 아주머니

“스테이크 소스가 우스터 베이스인 것 같은데, 우스터 소스를 사용하면 이러쿵저러쿵…(오래되어 기억도 안 난다).” 나는 스테이크에 우스터 소스를 사용하지 않았다.

3번 사공: 또 다른 아는 아주머니

“연어 덮밥에 연어랑 무순만 있어서 연어를 먹고 나니 밥이랑 먹을 게 없다. 후리가케를 올려야지 이렇게 하면 안 팔린다.”

4번 사공: 또 또 다른 아는 아주머니

“반찬이 이렇게 없어서 무슨 장사가 되겠나. 반찬 가짓수도 좀 늘리고 샐러드도 추가해라.”

나는 그들의 말을 단 한 가지도 수용하지 않았다. 어쩌면 아무것도 모르고 시작해서 그들의 말에 더 귀 기울이지 않았는지도 모르겠다.

#5. 이슈

학생들의 입맛을 저격하다

학생은 최고의 손님이다. 한참 자라나는 나이엔 뭐든 맛있다.

최소 수년에서 십 수년간 공실이 많던 상가에… 이상한 밥집이 하나 생겼는데 혼자 비싸다. 이름도 이상하다. 튀어나온 못처럼 혼자 튄다.

나는 생각했다. 분당 수내동이 못 사는 동네가 아닌데, 꼭 가격이 저렴해야만 할까? 바로 옆 상가만 해도 비싼 음식들이 잘 팔리는데 여기라고 안될 이유가 있을까?

뜨거웠던 2015년의 여름, 고3, 그중에서도 분당고에 재학 중이던 남학생(이니셜만 밝히자면 LKJ 학생, 보고 싶네요. 놀러 오세요!)이 우리 가게에 찾아왔다. 연어 덮밥을 주문하였다. 덮밥을 낸 후, 맛이 어떤지 물어보았다. 그 학생은 덮밥이 맛있고 자기는 이런 음식을 좋아하는데 여기서는 잘될지 모르겠다며 걱정 어린 말을 건네주었다. 같은 건물 독서실에서 공부하다 내려와서 밥을 먹는 모습이 대견하면서도 안쓰럽기까지 했던 학생. 여하튼 그 친구의 소개였을까… 독서실의 학생들이 한둘씩 내려와서 우리 가게의 손님이 되기 시작했다.

개업 후 며칠 지나지 않은 어느 날, 우리는 평생 잊을 수 없는 손님 HW 군을 만나게 된다. 그 학생은 분당 림 꼬또가 문을 닫기 전까지 약 8개월의 영업기간 동안 열흘 정도를 빼고 매일 와서 식사를 했다. 우리 가게로선 이미 가족이나 다름없었다!

학교가 개학을 하자 분당고 학생들이 푸드코트로 내려오기 시작했다. 나중에 얘기를 들어보니 우리 가게가 들어오기 전까지 학생들이 상가에 내려오는 일은 거의 없었다고 한다.

학생 10~20여 명이 줄을 서서 음식을 먹고 가는 진풍경이 꽤 오래 지속되었다. 개업하기 전의 예상으로는 근처 고등학교의 여학생들이 우리 손님이 될 줄 알았는데… 웬걸, 90% 이상이 남학생들이었고 그것도 매일 오는 학생이 대부분이었다. 6시가 조금 넘으면 당일 준비한 음식이 모두 판매되어 때 이른 마감을 하기도 했다. 지금 생각하면 왜 계속 더 안 팔고 그렇게 일찍 마감했을까 하는 생각도 든다.

그렇게 우리 가게는 동네 학생들 사이에 조금씩 알려지게 되었다. 학부모들 사이에서도 학생들이 줄 서서 먹는, 화학조미료를 일체 사용하지 않는 건강한 가게라는 이미지가 생기기 시작했다. 그러자 포장 주문이 덩달아 늘어나기 시작했다. 한 예로 개포동에 거주하시는 학부모님께서 우연한 기회에 카레를 포장해 가셨는데, 그 이후로 고3 자녀를 위해 일주일에 두세 차례씩 가게에 오셔서 카레를 포장해 가셨다.

#6. 타깃

요식업엔 정확한 타기팅이 필요하다

화살로 정 중앙을 맞출 수만 있다면 과녁 주변은 아무래도 상관없다. 나의 타깃은 동네 주민 그리고 외부에서 오는 손님이었다. 연령대는 아이부터 40대 초반까지. 사실 40대 중반 이후의 손님들에게 음식이 맛있다는 칭찬을 들은 건 판교가 처음이었다. 수내동, 강남에서는 40대 중반 이후의 손님들께 좋은 이야기를 한 번도 들어보지 못했다. 이유는 단 하나다. 자극적이지 않고, MSG가 들어가지 않았기 때문이다. 그리고 음식에서 반드시 사용해야 한다고 하는 재료들을 사용하지 않고 맛의 밸런스를 유지하고 있었다. 그분들의 입맛에 우리 가게의 음식은 당연히 심심할 수밖에.

입점한 상가 근처에는 직장인들이 있었다. 그들은 대부분 5,000원짜리 식사를 즐기기 위해 상가로 내려왔다. 그들에게 6,500원에 꼴랑 밥 한 그릇 나오는 덮밥은 비싸기 그지없었고, 점심에 그들을 위한 특선 메뉴를 내놓아야 하는 것이 너무도 당연해 보였다.

하지만 난 그런 메뉴를 내놓지 않았다. 그저 동네 장사꾼으로 남고 싶지 않았기 때문이다. 이 부분은 개인적인 생각이므로 좋고 나쁨의 문제는 아니다. 다만 이곳이 끝이 아니라고 생각했고, 더 멀리 보고 싶었다. 동네 상권과 타협하는 순간 나도 모르는 사이 특색을 잃고 안주할지 모른다는 생각이 들었다. 그래서 저렴한 메뉴를 찾는 손님을 포기하는 쪽을 택했다.

점심에 다른 가게들이 바삐 움직일 때, 나는 많으면 8~9그릇, 보통은 다섯 그릇 내외의 음식을 팔며 한가함을 즐겼다. 이런 여유가 생긴 이유는 저녁과 주말이 되면 림 꼬또의 시간이 돌아오기 때문이었다. 게다가 저녁 매출과 토요일 오후 3시까지의 매출로도 충분히 나는 만족스러운 수익을 올릴 수 있었다. 평일엔 보통 고3 학생들이 엄마 카드를 들고 방문하거나, 학부모와 자녀가 함께 방문해서 식사했는데 학부모는 다른 가게에서 5,000원 내외의 식사를 하셨고, 아이들은 우리 가게에서 식사하였다.

저녁과 주말의 평균 객단가는 11,900원 선이었다. 다른 가게의 두 배다. 하루에 스무 그릇만 팔면 충분하고도 남았다. 임대료도 없었고, 혼자 운영했기 때문에 더 이상의 욕심을 부릴 필요가 없었다. 이곳을 떠나 새로운 곳으로 옮기기 전까지 이곳은 단지 요식업을 준비하기 위해 잠시 머무르는 곳이라고 생각했다.

우리 가게 때문일까?

도전하는 사업가가 될 것인지 동네 장사꾼으로 남을 것인지 결정해야 하는 순간이 다가왔다.

학생들이 줄을 서는 기간이 지속되고 약 2개월이 지난 어느 날, 푸드코트에 새로운 덮밥집이 입점하게 된다. 가격은 7,000원. 자세한 이야기는 굳이 늘어놓을 필요 없지만, 여하튼 그 가게는 오픈 3일째에 가격을 6,000원으로 인하한다. 정확히 표현하자면 점심 할인 6,000원, 상시 학생 할인 6,000원이었지만 저녁엔 대부분 학생 손님이 많았기에 사실상 가격 인하였던 셈이다.

새로 입점한 덮밥집이 오픈한 첫날, 우리 가게 역시 저격용 신메뉴를 하나 만들어서 출시했으나 단 한 명을 제외한 모든 학생 손님이 7,000원짜리 덮밥을 먹기 위해 옆집으로 갔다. 홀로 남은 단 한 명은 우리 가게의 신메뉴를 먹었다. 그리고 놀랍게도, 그 다음 날 모든 학생이 다시 우리 집으로 와서 식사했다. 거짓말처럼 단 한 명도 빼놓지 않고.

그러자 그 집은 앞서 말했듯 오픈 3일째에 가격을 1,000원이나 내린 6,000원으로 변경한다. 같은 덮밥 메뉴를 파는 것도 모자라 공격적인 가격 인하까지 들고 나오니 고민을 하지 않을 수가 없었다. 똑같이 가격을 낮추어 무한 경쟁을 할 것인가 아니면 기존대로 림 꼬또스럽게 갈 것인가. 선택은 너무도 명확했다. 림 꼬또스럽지 않으면 아무 의미가 없는 것이었다.

이왕 결정한 거 미적지근하면 쓰나. 결국 우리 가게는 기존 6,000원대 저렴한 메뉴를 아예 없애버리고, 기존의 메뉴는 오히려 단가를 1,000원 더 올렸다. 이로써 최저가 7,900원부터 시작하는 메뉴들이 갖추어졌다. 옆집과의 가격 차이는 무려 2,000원대. 결과는 당연했다. 6,000원짜리 메뉴를 찾는 학생들은 많아졌고, 우리 가게에 오는 손님들은 많이 줄었다.

이렇게 해서 우리 가게의 메뉴 가격대는 최저 7,900원에서 최고 38,000원 선(메뉴명: 뜻밖의 스테이크)으로 올라가게 되었다.

#8. 전국구

림 꼬또로 모이세요

7,900원. 동네 푸드코트에서는 말도 안 되는 가격. 손님은 당연히 줄어들었다. 하루에 스무 그릇을 파는 날을 손으로 꼽았던 것 같다. 물론 토요일은 예외였다.

가격을 올린 후 약 한 달 뒤, 또다시 새로운 가게가 입점한다! 그 이름하여 킹.콩.반.점! 네, 중국집입니다.

우리 가게로 오는 동네 손님은 더 줄어드는 게 당연했다. 그럼에도 우리 가게를 찾는 마니아층이 꾸준히 존재한다는 사실에 감사했다. 학생 손님 대부분은 다른 가게로 가고 몇몇 학생만이 우리 가게를 찾아왔다.

그러던 어느 날, 뜬금없이 제주에서 손님이 오셨다. 그분은 굳이 왜 우리 가게를 오셨는지 모르겠지만(지금도 가끔 제주에서 찾아오시는 단골손님이 되었다) 여하튼, 그날 음식이 마음에 드셨는지 그분이 활동하는 동호회 게시판에 포스팅을 해주셨고 갑자기 동네 푸드코트에 제주를 시작으로 평택, 안산, 제천, 대구 등지에서 손님들이 오시기 시작했다. 그 중 평택에서 오셨던 손님은 커플로 오시다가 이제 아이를 데리고 오신다!

아직도 날짜를 기억한다. 2015년 10월 22일. 우리 부부의 결혼기념일. 그날 하루 블로그에 약 2,000여 명이 갑자기 방문하였고, 10월 한 달간 5,341회 조회가 발생해 바로 전 달 321회라는 조회 수에 비해 16배 이상 증가한다. 제주도에서 오신 그 손님의 게시글 하나가 수많은 분을 블로그로 유입시킨 결과였다.

이런 사연으로, 우리 가게에 방문한 손님 숫자는 전체적으로 줄긴 했지만, 매출은 두 신규 경쟁 업체의 입점에도 불구하고 30% 이상 증가하였다. 대략 계산해 보니 평균 객단가 12,200원을 기록했다.

#9. 블로거

맛있는 음식은 블로거의 포스팅을 부른다

11월의 어느 좋은 날, 좋은 소식이 날아온다. 모 블로거께서 림꼬또의 음식을 포스팅한 것이다. 그분은 파워 블로거는 아니었지만 네이버 메인에 몇 번 소개되었던 적이 있는 분으로, 맛집 블로거는 아니었다. 당시 우리 가게는 맛을 검증하기 위해 손님들의 순수 바이럴에만 의지하던 시절로 광고, 블로거 체험단 등은 일절 진행하지 않고 있었다. 사실 이렇게 작은 푸드코트에 체험단 불러가면서 블로그 광고하는 것도 참 우스운 일이라고 생각했다.

어쨌건, 이 블로거의 포스팅으로 인해 수내동맛집, 분당맛집 연관검색어에 림 꼬또가 약 두 달간 올라가게 되었다. 이로써 외부 손님들이 조금씩 더 찾아오는 계기가 되었다. 그렇게 푸드코트가 살아나기 시작하면서 10월 말경에는 매장 하나가 더 입점하게 된다.

계산해 보니 전달 대비 약 10% 매출이 증가하였다. 전체 손님 수는 줄었지만 외부 손님은 증가하였으며, 객단가 역시 증가하였다.

연어는 강물을 거슬러 올라오더라

가게를 개업한 이후, 학생과 학부모님들께 많은 사랑을 받으며 장사를 하다 보니, 학생들이 하나둘 떠나갈수록 마음이 허전한 것은 어쩔 수 없었다. 물론 매출은 계속 올랐지만, 이건 돈의 문제가 아니었다.

주변에 계속해서 저렴한 식당들이 새로 오픈하면서 손님이 나누어지기도 했고, 수능이 다가오면서 더욱 바빠진 학생들은, 조리하는 데 시간이 걸리는 우리 가게를 많이 이용하지 않았다. 수능 전까지 많은 학생들이 그렇게 우리 가게를 떠나갔다. 그럼에도 수능 직전까지 우리 가게를 사랑해 주었던 학생들 몇몇은 지금도 다 기억하고 있는데 무척 보고 싶다.

드디어 수능이 끝났다! 수능이 끝난 후 학생들은 더 이상 푸드코트에 내려오지 않았다. 그런데 며칠 후 우리에게 참 감사하고 행복한 일들이 벌어졌다. 몇몇 학생이 다시 우리 집으로 와서 식사하기 시작한 것이다.

없는 메뉴를 만들어 달라고 하는 학생, 다이어트 중이라 몸을 만드는 중인데 식단 조절하다가 맛있는 게 당기는 날이면 찾아오게 된다는 학생, 밖에서 놀다가 저녁은 맛있는 거 먹으려고 온다는 학생 등등….

'아, 그래도 내가 장사는 잘하고 있었구나'라는 안도감과 함께 감사한 마음이 드는 순간이었다.

#11. 림 꼬또니까

그래, 이런 게 바로 림 꼬또지

푸드코트에서 작고 소박하게 장사했지만 한 가지 뿌듯하고 자랑스러웠던 건, 림 꼬또라서 찾아오는 손님들이 늘어나기 시작한 점이다. 예를 들어, 푸드코트에 내려오는 손님들 대다수는 푸드코트에 내려온 후에 비로소 먹을 메뉴를 정하지만, 우리 집의 경우엔 내려왔다가 가게 문이 닫혀 있거나 판매가 끝나 있으면, 다른 집을 가지 않고 곧바로 돌아가는 분들이 많았다. 별것 아닐 수도 있지만 내게는 마치 하나의 훈장처럼 느껴졌다고 해야 하나?

또 한 가지 즐거웠던 일은, 요식업으로 유명한 모 대기업 본사 직원이 작고 보잘것없는 우리 가게를 탐방하고 간 일이었다. 사실 아무것도 아닌데 요식업 초보였던 사람에게 이런 일들이 생기다 보니, 나도 사람인지라 허파에 바람이 들기 시작했다.

#12. 허파에 바람이 들어갔어!

사실 그 정도면 허파에 바람이 들어가도 괜찮다?

장사가 좀 되기도 하고, 타지에서도 손님들이 오기 시작하니 허파에 바람이 들어갔다. 마치 '이제 푸드코트를 졸업해야 할 것 같다'라는 느낌이 들었다고 할까? 오픈 5개월 만에 든 생각이었다.

우리 가게는 어딜 가도 잘 될 것 같고…. 가게에 아주 가끔 오시던 동네 어르신께서 이런 말씀을 해주신 게 아무래도 가장 결정적인 계기가 된 것 같다.

"내가 외국에서 오래 살다 와서 좀 아는데, 너는 어디 가도 성공할 거야. 한국이든 외국이든. 근데 여긴 아냐 넌 더 큰 곳으로 나가야 해."

'아, 진짜 가야 하나?' 결국 그 말씀에 마음이 움직여 이전을 결정하게 되었다. '그래, 이제 더 큰 곳으로 나가자!'

#13. 상권이 살아났다

동네 주민들은 다 알아요!

그냥 개인적인 소견이지만 위험한 발언이다. 그래도 부끄러움을 무릅쓰고 단골이셨던 삼 남매의 어머님께 우연히 들은 말이니

한번 옮겨보자.

"망한 식당가 림 꼬또가 살려놓고 간 거 동네 주민들은 다 알아요."

"우리 딸은 림 꼬또 나간 후에는 거기 안 내려가요."

어디까지나 기분 좋으라고 하신 말씀일 거다. 단골손님이기도 했고. 지금도 응원의 말씀으로 여기고 감사하게 생각하고 있다. 사람마다 생각은 다를 수 있지만, 그래도 한 가지 분명한 건 십여 년간 반 이상이 비어 있던 상가가 우리 가게가 입점한 이후 6개월 이내에 모두 계약되어 매장들로 가득 차게 되었다는 사실이다.

그 중 한 가게는 새로운 주인을 만나기도 했고, 2016년 1월 가게 이전을 위해 퇴점하기 직전까지도 임대 가능한 매장이 단 한 군데도 없었다.

뭐 그냥 우연의 일치이겠지만, 나에겐 그보다 더 중요한 사실이 있다. 그토록 의미 깊었던 나의 첫 창업이 성공적으로 끝났다는 사실이다. 인생의 나락에서 이 상가를 만나 다시금 삶의 희망을 품을 수 있었던 자영업자의 한 사람으로서, 입주하신 사장님들 모두 좋은 일 많이 생기셨으면 좋겠다.

• 첫 번째 매장 창업 요약 •

영업 기간 : 약 7개월

매장 위치 : 성남시 분당구 수내동 소재 상가 건물 지하

보증금 및 월세 : 100만 원, 월세 없음

주방설비 및 집기류 : 250만 원(중고 구매, 집기는 신품)

총 창업 비용 : 보증금 제외 250만 원

이윤 : 첫 달 순익 약 280만 원, 마지막 달 순익 약 450만 원

특기사항 : 입점 한 달 만에 손익분기점 돌파

두 번째 매장을 오픈하다

• 인생의 앞길은 누구도 예측할 수 없다. 내가 지금 옳은 길을 들어선 건지 아닌지는 끝까지 가보아야 안다. 더 빠른 길이 있을 수도 있고 혹은 지금 가고 있는 이 길이 지름길일 수도 있다.

모든 게 문제없이 잘 돌아가고 있다면 굳이 희망을 논할 필요성을 느끼지 못할 것이다. 희망을 논하고, 희망을 품고 나아가고자 하는 사람들은 현재 상황이 무언가 불만족스러운 경우가 많을 것이다. 하지만 현실은 냉정하다. 희망이 절망으로 바뀌는 순간을 맞이하는 건 그다지 어렵지도 않고 오랜 시간이 걸리지도 않는다.

여기 사업이 망한 한 사람이 있다고 해보자. 사업이 망한 후 하는 일마다 실패하고 무얼 해야 할지도 모르겠고, 남들은 여윳돈으로 주식과 코인에 투자해 큰돈을 벌었다는데, 여전히 하루살이 인생을 살고 있는 스스로가 못마땅할 것이다. 그렇다고 리스크를 감수하고서라도 주식투자나 코인 투자에 나설 수도 없다. 그건 도박에 가깝기 때문이다. 이런 현실에 놓여 있다면 삶의 희망을 논할 수 있을까? 아마도 희망은커녕 도대체 내 인생은 왜 이 모양인지 절망하면서 하루하루를 살아갈 수밖에 없을 것이다.

"희망이 있어 버티는 게 아니라, 버티기에 희망이 있다." 이게 무슨 개똥 같은 소리인가? 자영업자의 고충을 너무나 잘 알고 있는 현업 자영업자로서, 최근 창업에 실패하였거나 가게를 정리하고 마음을 추스르고 있는 분들께 꼭 하고 싶은 이야기다.

희망을 가지고 버티던 사람에게 희망이 사라지면 그대로 주저앉는다. 버틸 힘도 사라지고 내 삶도 무너지게 된다. 그러나 희망에 의지하기보다 그저 주어진 상황을 버티는 것에 나의 힘을 온전히 쏟는다면, 애초에 희망을 품지 않았으니 절망할 일도 없다. 희망이란 그렇게 버티다 보면 언젠가 저절로 찾아오는 것이다.

사업이 망한 후, IT 플랫폼 개발에 남은 돈을 다 쓰고도 잘 안되었을 때, 만약 내가 또 다른 희망을 품고 그 서비스를 추진했다면 나는 아마 절망감에 무너졌을 것이다. 그러나 나는 그때 버티는 것에 집중했다. 버티기 위해 동대문에 나가서 새벽 커피 배달을 시작했다. 버티다 보니 콘텐츠진흥원에 차세대게임제작지원사업을 신청할 기회가 왔고, 그것은 나에게 하나의 희망이 되었다. 사업이 선정되며 다시 버텨냈고 물론 결과는 좋지 않았지만, 절망하지 않고 다시 버티기 위해 간장 게장을 판매하기 시작하였다. 그 결과 장사를 통해 다시 새로운 희망을 품을 수 있었다.

희망을 품고 시작했으나 실패했을 때 절망하면 그걸로 끝이다. 그러나 포기하지 않고 다시 버티다 보면 희망이라는 작은 씨앗은 반드시 내게 다시 날아온다.

#1. 2호점 준비

모로 가도 강남이라고!

수내동 매장의 영업을 마치기 얼마 전부터 새 매장을 알아보기 시작했다. 돈을 많이 벌고 싶은 욕심도 없었고, 생활비만 딱 버는 수준으로 운영했기에 모아놓은 돈은 없었다.

이번에는 보증금 1천만 원까지 사용해 보겠다는 포부를 가지고 매장을 알아보기 시작했다. 보증금 외의 투자금은 최대 500만 원으로 잡았다.

구하는 새 매장의 조건은 다음과 같았다.

첫째, 지역은 강남일 것.

둘째, 인테리어가 되어 있을 것.

셋째, 메인통에서 떨어져 있어 맛으로 승부할 수 있는 위치지만, 메인통과는 도보로 가까울 것.
넷째, 매장이 넓을 것(푸드코트에 있었더니 나도 큰 매장이 갖고 싶었다).
다섯째, 1층일 것.
여섯째, 나의 요리를 마음껏 시험할 수 있는 상권일 것.

남들은 1천만 원을 들고 가게를 찾는 날 보며 미쳤다고 했을 것이다. 그 말이 맞다. 우리 가게는 원래 제정신으로 창업하지 않는다. 그리고 결국 그렇게 가게를 찾았다.

#2. 유레카

매장을 찾았다!

드디어 매장을 찾았다! 강남의 노른자 상권 중 한 곳. 그리고 그 중에서 사각死角 중의 사각지대.

1층이고 대로변에 넓은 평수, 예쁜 인테리어 등 모든 것이 완벽했다.

이번 매장은 약 8~9개월 정도 공실이었던 것 같다. 평수는 45평. 그 안의 공간을 채우려면 비용이 많이 들어갈 수밖에 없었다.

장소는 마음에 들지만 가게 구성에 대한 비용이 부담된다고 임대인에게 아쉬움을 전달하였다. 임대인은 오랜 공실보다 빠른 입점이 낫다고 판단했는지 테이블과 주방 집기를 모두 해주겠다고 하였다.

보증금 1천만 원, 간판 및 내부 데코, 집기류를 새로 구매하면서 약 300만 원이 소요되었다. 강남 매장은 그렇게 개업 준비를 하게 되었다.

#3. 오픈

강남점을 오픈하다

오피스존이었다. 자리도 많았다. 점심엔 많은 손님으로 붐볐다. 오피스존의 특성에 맞추어 객단가를 낮춰야 했다.

마음에 들지 않았다. 당시 나는 자존감이 쓸데없이 하늘 끝까지 치솟은 하룻강아지 요리사였고, 내 요리를 싼 가격에 제공하고 싶지 않았다(물론 난 내 요리를 비싸게 제공하는 것도 싫어한다). 그러나 월세가 꽤나 비쌌고 운영을 하려면 돈을 벌어야만 했다.

매일 점심에만 손님이 50명 이상 왔다. 많은 손님은 아니지만, 1인 조리 시스템이라는 매장 환경에서는 적지 않은 숫자였고, 수내동에 있을 때보다 10배 이상 많은 손님이 몰려들었다.

홍보는 따로 하지 않았다. 홍보를 하지 않는다는 건 내 나름의 신념이었고, 이전 매장에서 그러했듯 신규 매장이라고 해서 변화를 주진 않았다. 손님들의 자발적인 바이럴을 기대하는 수밖에…. 아, 물론, 먼저 연락이 온 경우, 나의 돈이 들어가지 않는 홍보는 마다하지 않았다. 한 예로, 소셜 커머스 제안이 와서 잠시 진행했던 적이 있다.

점심에 바쁜 것이 익숙하지 않았지만 비싼 월세를 감당하려면 열심히 벌어야 했다. 그리고 그렇게 나는 밥을 파는 장사꾼이 되어 가고 있었다.

#4. 초심

한결같지 않다면 아무런 의미가 없다

모르겠다. 어디서부터 나오는 자신감인지…. 그러나 결론은 하나다. 한결같지 않으면 아무런 의미가 없다. 상권이 달라진 건 내가 선택한 일이지만, 어느 상권에서든 한결같아야만 나의 음식에 대해 스스로 정확히 평가할 수 있기 때문이다.

근처 상권 대부분이 5,000~6,000원의 가격대를 형성하고 있고, 편의점 도시락 매출이 전국에서 순위권을 차지하는 상권이다. 가까운 곳에 있는 구내식당에 가면 4,000원이면 한 끼 백반을 먹을 수 있는 곳. 6,000원에 오늘의 메뉴를 판매할 때는 점심 손님만 하루 50명 이상 왔으나 더 이상 그렇게 장사하고 싶지 않았다. 결단을 내리기까지는 그리 오래 걸리지 않았다. 과감하게 오늘의 메뉴를 없애고 바로 원래 우리의 메뉴로 돌아왔다.

돈을 벌지 못해도 나의 철학을 버릴 수는 없었다. 그리고 강남 상권에서 내 음식이 통하는지 테스트해 봐야 했다.

#5. 사각의 사각

메인 상권에서 가깝긴 한데 언덕이라 참 멀더라

겁 없이 창업한 후 강남으로 넘어왔기에, 강남에서도 겁 없이 장사를 시작했다. 거리상 분명 신논현역에서 가깝긴 했지만… 매장으로 향하는 출근길이 버거울 정도로 가파른 언덕이 앞길을 가로막고 있다는 걸, 입점한 후에나 깨달을 수 있었다.

어느 날, 내가 좋아하는 요식업 전문가께서 가게를 방문해 주셨고, 이런저런 다양한 조언을 해주셨다. 조언한 내용은 아래와 같다.

첫째, 여긴 강남에서도 사각 중의 사각이다.

둘째, 간판에 덮밥집이라는 표시를 해라(당시 상호 명만 딱 적어 놨었다).

셋째, 오피스존에서 셀프 서비스는 무조건 망한다. 되면 내가 너 인정한다.
넷째, 강남은 배달이 좋으니 배달을 시작해 봐라.

셋째는 인정받기 위해 변경하지 않았고, 넷째는 바로 시작해야겠다고 생각했다. 푸드플라이, 띵동에 우선적으로 입점을 진행했다.

#6. We deliver
림 꼬또가 배달을 시작합니다 어디에? 강남에!

요식업 전문가의 조언에 따라 배달을 시작했다. 배민 라이더스의 입점은 조금 후에 이루어졌고 우선적으로 푸드플라이와 띵동을 통해 서비스를 시작했다. 감사하게도 입점 첫날부터 적지 않은 숫자의 배달이 나가기 시작했다.

푸드플라이의 경우는 재주문율이 높았고, 회사 등에서 저녁에 단체로 덮밥을 주문하는 일이 많아졌다. 띵동 역시 주문이 많았다. 본사로부터 새벽 2시까지가 피크타임이니 배달을 새벽 2시까지 연장해달라는 요청이 왔다. 그러나 우리는 저녁 8시에 마지막 주문콜을 받았다.

성과는? 입점 한 달여 만에 푸드플라이에서 〈푸플로드〉 촬영 섭외 요청이 왔고, 푸드플라이 특집 〈푸플로드〉 2회 '덮밥 편'에 단독 출연하게 되었다. 또 다른 성과는 띵동에서 '리우 올림픽 이벤트사 30개 업소'에 선정된 것.

#7. 그때 배달을 했더라면

유일하게 아쉬웠던 기억이 있다면 주저 없이!

강남 매장에서 배달을 시작한 이래로 안정적인 배달 콜을 유지하고 꽤 높은 재주문율을 달성하면서 나의 콧대는 점점 높아지고 있었다.

어느 날은 마감 시간이 다 되어서 띵동으로 주문이 들어왔다. 연어 덮밥 외 여러 가지였지만, 재료가 없다는 핑계로 "오늘은 주문 마감하여 배달을 못 합니다"라고 배달 주문 콜센터에 전달하였다.

그리고 몇 분이 채 지나지 않아 띵동에서 연락이 왔다. 직급이 조금 높은 것으로 보이는 남자 직원이었다. "영화배우 ○○님이 주문하신 건데 배달을 해주시면 안 되겠습니까?" 콧대가 오를 대로 오른 나는 단칼에 거부하였다. 그 영화배우는 국내 5대 배우로 손꼽히는 분이었다.

그때 만약 배달을 했더라면… 그래서 혹시 그 국내 5대 배우님의 입맛에 맞았더라면… 림 꼬또가 지금보다는 조금 더 유명해지지 않았을까? 가끔 '요식업을 시작한 후 아쉬웠던 일이 있었다면?'이라는 질문을 스스로에게 할 때면 주저 없이 첫 번째로 떠오르는 에피소드다. 조금은 아쉽다.

#8. 매장이 너무 넓다

매장이 크면 좋을 줄 알았어…

매장은 45평, 테이블은 최대한 넓게 펼쳐서 52석. 일반적으로 세팅하면 74석이 나오는 자리.

40명이 동시에 식사를 해도 매장은 평화롭고 조용하다. 혼자 조리하는 매장 환경치고는 좌석 수가 너무 많았다. 매장이 꽉 찬 느낌이 들지도 않고, 특히나 배달 주문이 많다는 매장 특성상 홀은 필요하지도 않았다. 강남의 배달은 보통 객단가도 높고, 우리 음식을 시키는 손님분들은 컴플레인도 거의 없는지라, 한번 배달에 맛을 들이고 나니 홀 장사에는 전혀 관심이 생기지 않았다. 홀 장사에 신경을 쓸 이유도 없었다.

여하튼 그렇게 6개월을 영업한 후, 잠시 휴식을 취하기 위해 2016년 9월 우리 가족은 약 보름간의 휴가에 들어갔다.

오사카 여행을 통해 일본의 식도락 문화를 엿보다

9월을 맞아 오사카로 휴식 겸 음식 문화 탐방 겸 여행을 떠났다. 오사카로 정한 이유는 하나다. 앞서 등장했던 요식업 전문가께서 해주신 "너의 음식은 이미 오사카의 명인들을 넘어선 맛이다"라는 말이 진짜인지, 자라나는 하룻강아지 요리사를 위한 립서비스인지 궁금해서였다. 다녀오고 보니 아마도 진심(?)이셨던 것 같다. 오사카의 음식은 내 입맛엔 별로 안 맞더라.

여하튼, 일본이라는 나라는 작고 아기자기한 걸 좋아해서인지 가게들도 작았다. 의외로 초밥집은 큼지막한 집들도 찾아볼 수 있었던 반면에 덮밥집은 큰 집을 찾아볼 수 없었다. 물론 내가 못 찾았을 수도 있겠지만…. 대부분 20석 이내의 집이었다.

큰 매장에 남아도는 쓸데없는 공간에 염증을 막 느끼기 시작하던 터에, 좁아서 북적거리는 매장과 웨이팅하느라 줄이 길게 늘어선 가게들을 보고 있노라니 '아, 정말 매장은 이렇게 운영해야 하는데…'라는 생각이 절로 들었다.

아마도 내가 넓은 매장에서 장사를 해봤기 때문에 그렇게 느낄 수 있지 않았나 싶다. 만약 넓은 매장을 경험하지 않았다면, 지금도 난 계속해서 언젠가 큰 가게로 가겠다는 쓸데없는 꿈을 가지게 되지 않았을까?

#10. 패밀리가 떴다

조리 보조가 들어오다

오사카 여행이 끝난 10월 초, 가게는 다시 오픈했고, 가게 계약을 다시 진행할 때가 되었다. 그리고 마침 때맞춰 자의 반 타의 반으로 조리 보조가 들어왔다.

계약 만료는 2월이었기에 약 5개월 정도 남은 상황. 많이 남은 것 같기도 했지만, 이 시점에서 한 가지 선택을 해야 했다. 강남에 남아서 공격적인 마케팅을 통해 손님을 더 끌어모아 볼 것인가, 아니면 작은 가게로 옮겨서 새롭게 다시 시작할 것인가.

결정은 후자가 되었는데 사실 이유는 간단했다. 혼자 배달받으면서 일할 때는 먹고 사는 데 전혀 지장이 없었으나, 새 식구가 들어온 만큼 새 식구를 먹여 살리려면 매출을 더 늘려야 했다. 그렇다면 이곳보다는 유동 인구가 더 많은 곳으로 가는 게 좋겠다는 생각이 들었다.

이렇게 가벼운 마음으로 새 출발을 준비할 수 있었던 건 당연히 매장에 투자된 비용이 거의 없었기 때문이다. 강남 매장 역시 오픈 한 달 만에 투자한 금액을 모두 회수했다. 이런 이유로… 다시 슬슬 새 가게 자리를 알아보기 시작했다.

#11. 가게 찾아 90리

가게를 찾아 나섰다 조금 열심히

일단 가게를 옮기겠다고 마음을 먹으니, 마음먹은 김에 빨리 옮겨야겠다는 생각이 들었다. 남은 기간을 먼저 뺄 수는 없으니 강남 매장을 위탁 운영해 줄 사람을 물색하였고, 오랜 시간이 걸리지 않아 사람을 구할 수 있었다.

사람이 구해지자 나는 가게를 찾아서 이곳저곳 많이…는 아니고, 역시 괜찮은 상권 가운데서 망한 자리를 찾기 시작했다.

1. 서울대입구역 매우 저렴한 자리(8평).
2. 북촌 매장.
3. 홍대입구역 근처 장사 안되는 매장.
4. 합정역 근처 장사 안되는 매장.

이왕 들어가는 거 유동인구도 있고 핫플레이스라 불리는 곳으로 가고자 알아봤으나… 쉽게 포기하고 말았다.

이유는 단 하나. 집이 분당인데 너무 멀었다. 가뜩이나 게으른데 출근 시간이 한 시간 반이라는 것은 용납할 수 없었다. 그래서 다시 매장을 찾아보기로 했다. 그 결과 집과 가까운 분당의 정자동, 수내동, 판교동, 삼평동, 서현동 중에서 매장을 찾기로 했다.

#12. 가게를 결정하다

역시 답은 판교더라구

가게를 결정했다. 판교 테크노밸리 내의 매장이었다. 가게를 고를 때 가장 크게 고려된 점은 아래와 같다.

첫째, 노는 시간이 많았으면 좋겠다.
둘째, 노는 시간이 많았으면 좋겠다.
셋째, 노는 시간이 많았으면 좋겠다.

사실 이윤 추구라는 것은 욕심을 내면 끝도 없다. 그래서 판교를 선택했다. 왜냐구? 여기는 오피스존이기 때문이다. 장점을 나열하면 다음과 같았다.

첫째, 월~금 주중 영업(사실 토요일도 오픈하면 월~금 평균 매출의 반 정도는 나오긴 한다).
둘째, 짧은 영업시간(점심 11시 30분~2시, 저녁 18시~20시 영업).
셋째, 집에서 매우 가까운 거리. 차를 몰고 슬슬 와도 15분이면 충분했다.

게다가 이 매장 역시 꽤 오랜 시간 공실이었기에 권리금이 없었고, 모든 기본 인테리어가 다 되어 있었다. 또다시 그냥 몸만 들어가면 되는 매장이었다.

• 두 번째 매장 창업 요약 •

영업 기간 : 11개월

매장 위치 : 신논현역 인근

보증금 및 월세 : 보증금 1,000만 원, 월세 210만 원

주방설비 및 집기류 : 약 100만 원(그릇, 수저). 주방 및 홀 설비는 빌트인

간판 : 200만 원

총 창업 비용 : 보증금 제외 약 300만 원

이윤 : 첫 달 순익 약 350만 원, 마지막 달 순익 약 500만 원

특기사항 : 입점 한 달 만에 손익분기점 돌파, 월평균 19일 영업

소자본 창업론: 작게 창업해서 크게 키우자!

'꿈을 꾸는 자는 절대 쓰러지지 않지만 꿈만 꾸는 자는 일어날 수 없다!'

아, 진짜 라떼는 안 그랬는데…는 그냥 하는 소리고, 나이와 시대를 초월해 꿈만 꾸는 사람들이 있다.

꿈만 계속 꾸는 사람은 잠만 계속 자면 된다. 꿈을 꾼 다음에 깨어나 현실 세계를 살아야만 비로소 꿈은 현실이 되어 내 눈앞에 나타날 수 있다.

꿈만 꾸는 사람의 특징은 성공한 사람을 보면서 '나도 언젠가 기회가 오면 꿈을 이룰 수 있어'라고 '생각만' 한다는 점이다. 반면 꿈을 이루고자 노력하는 사람은 성공한 사람을 보면서 가능성을 발견한다. '그래 저 사람도 해냈으니 나도 할 수 있어!' 이들은 주어진 오늘 하루를 열심히 살아간다.

나의 세 번째 매장은 판교로 정해졌다. 판교로 정한 데에는 여러 이유가 있지만 가장 큰 이유는 집이 가깝다는 점, 두 번째는 오피스존이라는 점이다.

첫 번째 매장에서 주거지역의 상권을 경험했고, 두 번째 매장에서는 배달 상권을 경험했다. 이제 세 번째 매장에서는 오피스 상권에 도전해 보고 싶었다. 그래, 이곳에서 내 음식을 테스트해 보자!

이번 매장 역시 약 9개월간 공실, 인테리어는 그대로 있는 상태. 13평의 매장에 20석으로 작고 아담한 매장이었다. 이번 매장 역시 오피스존에서는 금기로 통한다는 '셀프 서비스' 방식으로 운영을 준비했다. 가게가 좁은 탓에 손님들 동선이 불편해질 수 있겠다는 점이 조금은 걱정이었지만 그래도 '셀프 서비스'를 하면서 성공한 가게로 남고 싶다는 것이 판교 매장에서의 첫 번째 목표였다.

느긋하게 하나씩 준비하며 세 번째 매장의 오픈을 기다렸다.

#1. 계약은 내 맘대로

돈 내는 내가 갑이다

나는 항상 세입자가 갑이라고 생각한다. 돈은 세입자가 내고 있지 않은가? 판교 매장에 처음 계약하러 갔을 때 임대인은 보증금

2천만 원에 월세 120만 원을 요구했다.

“돈이 없으니 우선 보증금 200에 월세 130으로 3개월 써보고 맘에 들면 장기 계약하겠다. 아니면 나가겠다. 그 이상은 해 드릴 수 없으니 고민해 보시고 연락 주시라”라고 당당하게 말했다.

되면 좋고, 아니면 다른 가게를 얻으면 된다. 10개월 이상 공실인 가게다. 나같이 정신 빠져 보이는 놈이 와서 말도 안 되는 조건을 들이밀어도 고민하는 임대인은 반드시 있게 마련이다. 알아본 가게 세 곳 중 두 곳의 임대인은 말도 안 되는 이야기 하지 말라고 일축했고, 한 곳의 임대인은 그렇게 해보라고 말씀해 주셔서 장사를 시작하게 되었다.

장사 시작 후 3개월이 지났고, 임대인의 연락이 왔다. 이제 계약을 해야 하지 않겠느냐고. 그래서 정말 좋은 자리고 계약하고 싶은데 돈이 없으니 보증금 1천만 원에 월세 130으로 하던가 아니면 아쉽지만 나가겠다고 했다. 물론 나는 앞뒤 계산하면서 말하는 걸 좋아하지 않는다. 나가라고 하면 내 가게가 아닌가 보다 하고 나가고, 다른 가게를 계약하면 그만이다.

협상 결과 보증금 1천만 원, 월세 130만 원에 계약했다. 보증금이 줄은 대신 월세 10만 원을 더했기에 나에게도 부끄러울 것 없는 당당한 거래였다.

겁없는 요리사

이번 매장에서는 누구나 볼 수 있는 메뉴 사진에 다음과 같은 문구를 붙여 놓았다.

'맛이 없다면 아마도 기분 탓.'

일단 나는 맛으로는 자신이 있었기에, 맛있게 식사하신 손님들께서 위트로 받아주실 수 있을 것이라 여기고 붙여놓은 것이다. 그런데 생각해 보니 수내동과 강남 시절 모두 40대 중후반 이후의 손님들에게는 음식이 맛있다는 이야기를 들어본 적이 없었다. 그래서 이 문구를 위트로 받지 못할 분이 있진 않을까 내심 걱정을 하긴 했다.

아니나 다를까, 40대 중후반으로 보이는 분께서 젊은 직원들과 식사를 하러 오신 날이었다. 식사를 다 하시고 계산할 때 "맛있게 드셨어요?"라고 질문했는데 "오늘은 제가 기분이 별로 좋지 않은 것 같네요"라는 대답이 돌아왔다.

어차피 모두를 만족시키는 식당은 없다. 일부 좋지 않은 평가도 우리가 감당해야 할 몫이었다. 나는 '맛이 없다면 아마도 기분 탓'이라는 자신감이 오히려 판교에서 우리 가게를 빛나게 해줄 거라는 확신을 가지고, 대망의 세 번째 도전을 시작하게 되었다.

#3. 모든 손님은 밥 앞에 평등하다

회장님인데 어쩌라고요?

이번 매장에서도 예약을 받지 않는다는 원칙을 고수하며 영업을 하고 있는데 어느 날 10시 반 즈음 가게로 한 통의 전화가 걸려왔다. "안녕하세요, ○○회사 회장님 비서실입니다. 오늘 단체 예약을 좀 하고 싶은데요."

그 말을 들은 나는 당연히 "죄송하지만 저희는 예약을 받지 않습니다"라고 대답을 했다. 비서분께서 당황하셨을지 하지 않으셨을지는 모르겠지만, 그날 비서분께서는 영업 시작하기 전 11시 15분부터 내려와 테이블 세팅을 하기 시작했다. 8자리 정도로 기억하는데… 한편으론 죄송하면서도 원칙을 깰 수는 없었다. 나는 어떤 손님이든 밥 앞에 평등해야 한다고 생각한다. 안 그러면 모양 빠지잖아.

#4. 손님과 함께하는 즐거운 요리

손님도 즐거운 셀프 서비스

판교 매장을 오픈하고 셀프 서비스로 매장을 운영하면서 처음 오신 손님들에게 가장 많이 들었던 이야기는 아래와 같다.

"셀프에요?", "아… 귀찮은데…", "물통도 없어요?" 기타 등등…. 당연히 터져 나올만한 불만이었다. 오전 내내 힘들게 일하고 맛있는 점심을 먹기 위해 내려왔는데, 식당에서마저 무언가 노동을 요구한다면 그 누가 기분이 좋겠는가?

그러나 처음 오신 손님들에게서 들려오는 아쉬운 소리는 대부분 식사가 끝날 때쯤 즐거운 소리로 바뀌었다. 이후 재차 방문하신 손님들은 식사를 하러 오시면 각자 자신만의 역할을 갖고 움직이신다. 어떤 분은 수저를, 어떤 분은 국과 반찬을, 어떤 분은 물을, 그리고 어떤 분은 테이블 세팅을…. 서로 척척 즐겁게 일을 하며 음식을 기다리신다.

이런 일이 가능한 이유는 간단하다. 우리는 인건비를 절감한 대신 절감한 비용을 수익으로 가져가지 않는다. 손님에게 노동을 강제한 대가로, 우리 음식은 가격 대비 훨씬 더 풍성해진다.

이게 바로 고객과의 윈-윈 전략, 상생협력이 아닐까? 그 결과 요리하고 음식을 파는 우리도, 식사를 하는 손님들도 그저 즐겁다.

#5. FRIDAY NIGHT

불금은 림 꼬또와 함께!

판교에 오픈한 림 꼬또는 오피스존의 여느 음식점과 조금은 다른 점이 있었다. 오피스존 일반 식당가의 금요일 저녁은 고요하다는 표현이 맞을 정도로 조용한 것이 일반적이다. 그런데 개업한 지 1년 반이 넘도록 우리 가게의 최고 매출은 거의 대부분 금요일 저녁에 일어났다.

그렇다고 술은 판 것도 아니었다. 순수하게 저녁 식사를 하러 오시는 오피스존 손님들이 꽤 많은 것이 특징이었다. 최고 매출 기록은 영업한 지 1년 반이 지나서야 수요일로 바뀌었다. 금요일 저녁에도 손님들이 즐겨 찾는 맛집이라는 건 그만큼 요리로 인정받았다는 뜻이 아닐까? 이 점도 우리 가게만의 매력 포인트였던 것 같다.

판교 테크노밸리점의 경우 하루 테이블 회전 최고 기록은 5시간 운영에 9회전, 매출은 150만 원이었다.

#6. 전수창업을 하다

누군가의 모델이 된다는 것

처음 전수를 시작하게 된 건 매장을 매각하면서 새로운 주인에게 간단한 교육을 해주기 위해서였다. 매장의 메뉴를 교육하고 이어서 장사를 시작하게 도와주는 정도에 그쳤다.

그 후에는 간단한 메뉴 전수부터 주방의 동선까지 모두 세팅해

주는 전수, 나아가 매장의 운영 노하우까지 모두 알려주는 전수까지 했다. 대부분 20석 규모의 매장을 2인으로 운영하는 체제였다. 13석 내외의 경우 혼자서 운영할 수 있도록 메뉴와 매장 동선을 짜고 그에 맞추어 교육을 진행했다. 이러한 교육은 나에게도 각기 다른 매장 안에 최적의 동선을 고민하는 시간이 되었고 주방에 대한 이해도를 높이는 좋은 기회가 되었다.

전수 매장의 주방은 모두 단 한 곳도 예외 없이 20석 규모에서 혼자서 동시 주문을 쳐낼 수 있도록 교육했다. 물론 그렇게 해도 실제 개인의 역량에 따라 받을 수 있는 주방의 주문 수에 차이는 있었다.

사실 솔직히 말해서 주방 1인, 홀 1인으로 구성된 20석의 가게다. 스무 명의 손님이 동시에 꽉 차는 홀에 6~8분 사이에 모든 음식을, 그것도 사이즈가 M, L, XL로 구성된 아홉 가지 메뉴를 모든 테이블에 거의 동시에 내보낸다는 건 내가 봐도 좀 대단한 일인 것 같다. 〈골목식당〉을 좀 보신 분들은 아시겠지만, 요리 경력이 10여 년 된 프로 요리사도 손님 열두 명이 동시에 앉았을 경우 서빙에 어려움을 겪는다. 마지막 테이블에는 무려 한 시간이 넘어서 서빙되는 경우도 있었다. 우리 가게의 방식은 기본적으로 요리사의 손이 빠르기도 하지만, 직렬 방식이 아니라 병렬 방식으로 음식을 서빙하기 때문에 서빙에 딜레이가 없다.

매장 운영 노하우까지 모두 전수받은 경우, 오픈 첫날부터 허둥

대지 않고 매장을 잘 치는 경우가 많았다. 개업 첫날의 성공적인 데뷔는 고객에게 프로페셔널한 이미지를 심어줄 수 있고 고객의 불만을 최소화할 수 있을 뿐만 아니라, 장기적으로도 창업자에게 매우 바람직한 결과를 낳곤 했다.

• 판교 테크노밸리 창업 요약 •

영업 기간 : 2년 3개월

매장 위치 : 판교 테크노밸리

보증금 및 월세 : 보증금 1,000만 원, 월세 130만 원

주방설비 및 집기류 : 집기 및 가스 연결 약 350만 원

총 창업 비용 : 보증금 제외 약 350만 원

이윤 : 이후로는 비공개(하루 평균 6회전, 기존 매장의 수익을 상회하는 고소득 달성)

특기사항 : 입점 후 열흘 만에 손익분기점 돌파, 월평균 19일 영업

꿈을 요리하는 동네 요리사

● 사업이라는 것이 항상 예측할 수 없는 일이 대부분이다. 인생을 살다 보면 안 좋은 일이 한 번에 몰려오듯, 좋은 제안도 한 번에 몰려오는 것 같다.

갑자기 물류사, 유통사 등에서 함께 일을 할 수 있는 방법을 고민해 보자며 연락들이 오기 시작했다.

물류사는 새로운 돌파구를 찾기 위해 프랜차이즈사와 협업하여 물류 서비스를 확장할 생각을 하고 있었고, 유통사에서는 자신들의 제품을 유통하며 업체와 윈-윈할 수 있는 방법을 모색해 보고자 했다. 물론 슈퍼 갑의 고자세를 취하는 곳도 있었다. 그래서 그쪽에서 거절하기 전에 우리 쪽에서 먼저 제안을 거절한 적도 있다.

#1. 직영 2호점 오픈을 준비하다

서울 핵심 상권인가 아니면 가까운 곳인가

가게를 운영하다 무언가 이슈가 생길 때면 항상 또 다른 시작을 해야 하는 신호가 아닐까 생각한다. 갑자기 주위에서 여러 가지 협업 제안이 들어오자 다시금 오픈병이 도지기 시작했다. 2호점 오픈을 결정한 후 드는 가장 큰 고민은 '직영인가 프랜차이즈인가'였다.

브랜드를 키우기 위해서는 직영점 3~4개 이상은 운영해야 하는 것이 최소한의 조건이라는 생각에 따라 직영점을 오픈하기로 결정했고, 어디에 2호점을 오픈해야 할지가 중요한 이슈로 떠올랐다. 게다가 이번 매장은 오너가 개입하지 않아도 되는 완전 오토 매장으로 운영해야 한다. 프랜차이즈를 준비하고 있는 우리로서는 가맹 사업의 확장 가능성을 테스트할 수 있는 첫 매장이기도 하다.

현 매장에서 가까운 곳으로 갈지 서울 핵심 상권으로 갈지 고민하다 내린 결론은 '몰빵'이었다. 뜬금없이 먼 곳에 가게 하나를 오픈하는 것보다, 분당이라는 지역을 하나의 거점으로 삼아, 거점 내에서 여러 매장을 오픈하여 지역에서의 인지도를 높이자. 매장을 넓게 펼치는 것은 그 이후에 하자, 라고 목표를 정했다.

이젠 가게 하나 인테리어 공사해서 차릴 돈은 생겼다

다음 고민은 입지 선정이었다. 또다시 장기간 공실인 곳으로 갈 것인가 아니면 이번엔 마음먹고 좋은 자리로 갈 것인가?

공실인 곳으로 가면 저렴하게 오픈할 수 있는 대신, 손님들의 입소문을 타기까지 오랜 기간 기다리는 수밖에 없다. 광고 없이 순수하게 입으로만 퍼지는 입소문은 확산 속도가 빠르지 않다. 그렇다고 좋은 자리로 가기도 망설여진다. 당연히 높은 임대료 부담 때문이다. 게다가 권리금이라는 부분도 무시할 수 없다.

결론은 중간에서 타협하기로 결정했다. 좋은 자리지만 권리금이 없는 자리, 그래서 브랜딩을 시작하기 좋은 자리, 최대한 빠른 시간 안에 입소문이 퍼질 수 있는 자리. 그리고 현재 매장에서 멀지 않아 급할 때 언제든 달려갈 수 있는 자리.

결론은 판교 역세권이었다. 그리고 그중에서 권리금이 없는 장소, 좋은 건물, 쾌적한 환경, 에스컬레이터 앞, 건물주가 법인이라 음식점 구색을 맞추고 중복 업장 입점이 불가능한 장소. 현대백화점 바로 옆에 붙은 알파돔타워가 결론이었다. 림 꼬또를 사랑해 주시는 블루홀 스튜디오(현재 크래프톤)의 단골손님께서 지나가며 "같이 갑시다"라고 말씀해 주신 것도 사실 조금은 알파돔으로 기우는 계기가 되었다.

좋은 상권엔 좋은 인테리어가 필요할까?

그렇게 새로운 림 꼬또 직영점은 판교역에서 가장 좋은 건물 중 하나인 알파돔타워3에 오픈하게 되었다. 그러나 변하지 않는 원칙은 음식과 직접적으로 연관이 없는 부분에는 최소한의 비용만 들인다는 림 꼬또의 운영 철학이다.

이번 매장은 건물이 훌륭하다 보니, 그냥 그 건물 안에 매장이 있다는 자체로도 훌륭하다는 생각이 들었다. 그래서 최소한의 주방 공사 외에 다른 부분은 건드리지 않기로 했다. 벽과 천장, 바닥은 입주 전 기본 공사 그대로를 사용했다. 이번엔 인테리어 공사 탓이었을까? 테이블, 의자, 집기 구매와 주방 설비 등 공사비까지 모두 포함하니 약 2,500만 원 정도의 비용이 들었다. 특히 대형 타워인지라 공사 요건이 까다로워 예상보다 많은 금액이 지출될 수밖에 없었다.

그래도 8평이라는 공간을 꽉 채우는 금액으로는 정말 알차게 잘 사용해서 뿌듯한 느낌이 들었고 2호점의 손익분기점 도달 시기는 여유 있게 3개월로 잡았다. 실제로 손익분기점을 넘기는 데는 두 달이 채 걸리지 않았다.

#4. 뜻밖의 전화

좋은 단골은 사랑이다

공사를 시작하기에 앞서, 림 꼬또 매장이 오픈할 준비를 하고 있음을 알리는 현수막을 매장 안쪽에 걸어 놓았다. 이틀 정도가 지났을까? 인근에 입주한 모 회사의 손님께 전화가 왔다. 림 꼬또가 오픈하는 것이 맞는지, 가게를 옮기는 것인지, 직영인지 궁금해하셨다. 나는 직영 형태로 오픈한다고 답해 드렸다. 그러자 그분은 기뻐하며 사내에 홍보해 놓겠다고 말씀해 주셨다.

2호점을 준비하는 과정에서 우리가 그동안 장사를 잘해왔다는 자부심과 함께 감사함을 느낄 수 있는 계기가 되었고, 오픈 준비에 조금 더 자신감을 가지게 되는 등 심적으로 큰 도움이 되었다.

#5. 개봉박두

덮밥이 맛있는 라멘야의 림 꼬또

이번 소제목은 림 꼬또 2호점의 가게 이름이다. 덮밥이 맛있는 라멘집. 그렇다. 우리 집은 라멘이 맛있는 집이 아닌 덮밥이 맛있는 집이었다! 메뉴는 1호점의 메뉴와 완전히 달랐다. 라멘을 베이스로, 연어와 스테이크, 차슈동을 파는 가게였다.

오픈 첫날, 간판도 달지 않고 문을 열어 놓았다. 상가 내에서 가장 작고 여전히 공사 중인 것처럼 보이는 가게에 그 누구도 찾아오지 않았다. 12시가 넘어가자 모 회사의 손님들이 림 꼬또가 오픈한 사실을 알고 한 분 두 분 오시기 시작했고, 이내 구내식당처럼 모 회사의 손님들로 매장이 꽉 차게 되었다. 그러자 새로 생긴 이 가게에 사람들이 관심을 보이며 줄을 서기 시작했다.

리스크를 줄이기 위해 메인 상권으로 진입하였으나 우리 가게를 아는 기존의 손님들이 있는 장소를 선택한 전략은 맞아떨어졌다. 소리소문없이 오픈한 첫날의 테이블 회전 수는 6회전을 기록했다. 항상 홍보빨 없이 개업하는 림 꼬또의 첫 출발치고는 나쁘지 않았다.

#6. 이건 아닌 듯

아는 맛이 제일 무섭고, 아는 손님이 가장 냉정하다

알파돔타워 인근에 포진한 회사에 우리 단골이 많은 것은 참 감사하고 바람직한 일이다. 단골손님들 덕분에 단기간에 안정적인 매출을 올릴 수 있다는 것은 매우 큰 장점이지만, 내가 간과한 것이 하나 있었다. 바로 그들이 림 꼬또의 맛을 너무도 잘 알고 있다는 사실이었다.

새로운 메뉴에 만족하는 손님들보다 바뀐 메뉴에 아쉬움을 표현하는 손님들이 더 많았다. 나는 라멘이라는 음식이 매일 먹기에는 부담스러운 음식이라는 사실을 잠시 잊고 있었다. 이유는 있었다. 내 몸은 곧 1호점으로 돌아가야 하기에 주방 운영이 수월한 메뉴로 바꾼다는 것이 손님들에게는 아쉬움이 된다는 사실을 다행히도 오픈 첫날 알게 되었다.

손님 대부분으로부터 "맛있지만 기존 메뉴가 없어서 아쉽다"라는 피드백을 받은 후, 바로 메뉴를 원상 복구시키기로 했다. 신규로 추가된 라멘과 '순결한 즈케(곰탕)'를 제외하고 모든 메뉴를 1호점 메뉴로 구성하였다. 그리고 차슈가 들어간 라멘을 팔고 있지만 차슈동은 덮밥 메뉴에서 제외하여, 차슈는 면 요리로만 즐길 수 있도록 구성하였다.

#7. 이게 일본 라멘?

일본 라멘이라는 편견

나는 사실 라멘을 별로 좋아하지 않는다. 한입 먹으면 입술부터 시작해 입안에 가득 퍼지는 기름기 가득한 육수를 그다지 좋아하지 않는데 이것은 단순히 나의 취향이다.

예전 일본 하카타에서 라멘을 한 그릇 먹고 감동한 적이 있었다. 매우 깔끔한 국물에 기름기가 거의 없는 정말 담백한 라멘이었다. 이때부터였다. 내가 한국에서 라멘을 판다면 이런 담백한 라멘을 팔아야겠다는 생각을 한 것은. 동시에 다른 라멘 가게와 똑같은 라멘은 팔지 않겠다는 다짐을 했다.

그래서 나온 메뉴가 일본 돗토리현에서 흔히 볼 수 있는 규고츠(소뼈) 라멘이다. 많은 블로그 리뷰에서도 나타나듯, 우리 집에서 규고츠 라멘을 드신 분들은 대부분 건강한 갈비탕 한 그릇을 먹은 기분이라는 평을 하시곤 한다.

기존의 돈고츠나 토리파이탄과는 너무도 다른 맛이다. 한국에서 유명한 일본 라멘을 생각하면 매우 이질적인 맛일 수밖에 없다. 그러나 림 꼬또스럽게 규고츠 라멘을 선보였고, 손님들의 평가는 매우 극명하게 호불호가 갈렸다. 같은 육수를 쓰는 '순결한 즈케'는 첫 날부터 이슈를 불러일으키며 극찬을 받았지만 라멘은 그렇지 않았다.

한편 '더블스프 미라클'이라 불리우는 규고츠 바질라멘은 출시 첫날부터 손님들에게 매우 긍정적인 평가를 받았다. 국내에도 바질라멘을 파는 곳이 몇 군데 있지만, 규고츠를 사용한 더블스프 미라클은 달랐다. 동물성 지방을 완전히 걷어낸 담백하지만 풍부한 느낌의 육수, 바질 페스토를 넣어 깔끔한 가운데 향긋한 바질의 향으로 손님들의 미각을 자극했다. 매우 깔끔하게 먹을 수 있는 라멘으로 여성 분들이 즐겨 찾는 메뉴가 되었다.

2019년 초반에는 더블스프 미라클이라는 한 종류의 라멘만 판매했었다. 그 이유는 기존의 돈고츠나 토리파이탄과 완전히 달랐고 손님들도 라멘에 대한 편견 없이 하나의 훌륭한 면 요리로 인정해 주셨기 때문이다.

림 꼬또 매장 한구석엔 일본어로 이런 문구가 적혀 있다. "일본 라멘인가 아닌가가 중요한 게 아니라 림 꼬또인가 아닌가가 중요하다." 나는 항상 림 꼬또스러운 라멘을 만들고 싶었고, 그 시작은 일단 실패는 아닌 것 같다.

#8. 하루 8회전

상권이 바뀌어도 림 꼬또입니다

오픈 둘째 날부터 2호점의 테이블 회전수는 평균 8회전이다. 물론 이 수치는 꾸준히 증가하여 물리적인 한계치까지 올라갔다. 판교 테크노밸리에 있는 1호점도 그랬다. 판교 테크노밸리의 경우 2018년 겨울의 일 매출이 2017년 대비 평균 20만 원 이상 상승했다.

정성으로 만든 음식은 손님들이 먼저 안다. 2호점 오픈 첫날, 변경된 메뉴들로 인해 손님들이 아쉬워했던 부분과도 맞아떨어진다. 어찌 보면 실리를 택하려고 했던 내 마음이 음식을 통해 손님들께 전달된 게 아닐까?

실평수는 체크해야 손님이 편안한 자리를 배치할 수 있다

아직 많은 가게를 오픈한 건 아니지만, 나는 보통 개업할 때 월세와 관리비를 확인하고 운영에 적정한 좌석 수가 들어갈 수 있는지를 판단한다. 좌석이 확보된다면 나는 다른 고민 없이 가게를 오픈하는 편이다.

이번 가게는 실평수 9.45평이라는 이야기를 듣고 큰 업체이니만큼 믿고 바로 계약을 했건만, 공사를 들어가기 직전에 실측해 보니 실평수 8.3평. 무려 1평 이상의 공간이 줄어들었다. 적정 좌석 수는 20석을 예상하였고, 20석이 안 되면 예상 매출을 찍을 수 없다고 판단하여, 주방을 조금 줄이고, 테이블 간격을 줄여 20석을 세팅할 수밖에 없었다.

나는 좁은 테이블을 별로 선호하지 않는 편이다. 1호점의 경우 26석을 놓을 수 있는 공간임에도 테이블 사이즈 및 배치를 넓게 잡아 20석을 놓고 운영했던 터라 좁은 좌석 배치는 굉장한 부담감으로 다가왔다. 하지만 이번엔 정말 일본 스타일로 작고 좁게 세팅하여 20석을 만들었다. 유효 좌석은 닷지 2자리를 빼고 18석 정도였으며, 구조상 통상적으로 16~17석 내외로 테이블이 돌아갔다.

8평짜리 가게를 운영해 보니… 월세가 저렴하다면 충분히 좋은 구조로 뽑아낼 수 있지만, 20석 규모의 쾌적한 손님맞이를 위해서는 역시 최소 11평 이상은 되어야 할 것 같다. 13평 20석 기준이 운영하기 가장 좋은 규모라고 생각한다.

#10. 악평

창업 3년 만에 최악의 평가를 받다

'매운 음식임에도 불구하고 고기 냄새가 난다. 잡내를 못 빼는 건 말이 안 된다. 이런 집이 판교 맛집이라니…. 연어는 분식집 아줌마가 처음 만들어본 솜씨다. 그릇은 일본에 한 번 다녀온 한국인이 막 만든 느낌이다.' 뭐 이런 글?

사실 림 꼬또의 매운 삼겹은 고기를 재워놓지 않기에 구운 삼겹살 특유의 향에 매콤한 양념이 어우러진다. 게다가 마늘 및 생강 등을 사용하지 않기에 그 향은 더욱 진하게 날 수밖에 없다. 나는 그런 음식을 좋아한다.

악평을 단 분의 지적 중 가장 고마웠던 피드백은 김치가 국물에 담겨 있어서 좋지 않다는 것이었다. 이번 악평을 통해 첫째, 김치를 개선할 수 있었고, 둘째, 매너리즘에 빠질 뻔했던 나 자신을 돌아보고 다시 최선을 대해 조리하기 시작했다. 어떠한 악평이든 나를 한 번 돌아볼 수 있는 계기가 된다는 점은 감사한 일이다.

#11. 옮기시길 잘하셨어요!

상권이 예전 같지 않다는 1호점 상인의 이야기를 들었다

2호점 개업으로 한동안 오랜 휴무 상태에 있었던 1호점의 이웃 상인이 가게에 놀러 왔다. 그분은 상권이 예전 같지 않고 한산하다며, 우리 가게가 때에 맞춰 잘 나간 것 같다고 했다. 우리 가게가 휴무에 들어간 후부터 갑자기 매출이 줄기 시작했다고.

그 얘기를 듣고 그분께 표현하진 않았지만 나는 분명 우리 가게가 휴업하면서 그 가게의 매출에도 영향을 끼친 것이리라 생각했다. 언제나 저녁에 가장 빨리 만석이 되는 집은 우리 집이었으며, 저녁에도 유일하게 2회전 이상 돌아가는 집이었기 때문이다.

그 얘기를 들은 며칠 후 이웃의 또 다른 가게 사장님은 매일 1호점이 보이는 쪽까지 왔다가 돌아가는 손님들이 많다는 얘기를 전했다. 그러면서 어서 돌아오라는 말씀도 덧붙이신다. 그래야 사장님 가게의 매출도 같이 늘어난다고….

#12. 두 달 만의 1호점 재오픈

시간이 흘러도 림 꼬또는 림 꼬또스럽다

2호점은 매니저를 두고 운영할 요량으로 오픈하였으나, 상권

흐름상 직접 운영할 수밖에 없는 상황이 되면서 테크노밸리의 1호점은 긴 휴무에 들어갔었다. 처음에는 이 기간이 짧게 끝날 줄 알았으나 벌써 두 달 가까이 흘렀고, 매장을 인수 혹은 위탁해 보고자 찾아왔던 분들은 어떤 이유에서인지 딱히 매력을 느끼지 못하는 것 같았다. 또한 내가 올렸다고 한 매출을 믿지 못하거나, 주인이 바뀌면 그 매출을 유지하기 어려울 거라는 판단을 한 듯했다. 두 달에 가까운 공백 역시 매출에 큰 영향을 끼칠 거로 예상했을 것이다.

그런데 한 23살 순수한 청년이 나의 말을 믿고 의심 없이 위탁 계약을 했다! 나는 내가 한 말이 거짓이 아님을 복귀 첫날부터 확인시켜줄 수 있었다. 평소 점심때 쳐냈던 평균 매출(50만 원)을 12시 35분 경이면 돌파했고 이는 복귀 첫날부터 일주일 동안 지속되었다. 급기야 12시 40분엔 조기 마감을 할 수밖에 없는 상황이 되었다. 판교의 림 꼬또가 손님에게 제공했던 진심 어린 2년간의 서비스를 손님들은 기억해 주셨고, 그 신뢰가 견고한 주춧돌이 되어 재오픈 첫날부터 손님들을 다시 매장으로 이끄는 원동력이 되었다. 이 가게는 3개월의 위탁 운영 기간을 끝내고 직영에서 전수 형태로 전환하였다. 지금은 전수받은 점주가 매장을 매각하여 다른 상호로 변경되었고 양수받은 점주가 현재까지 잘 운영하고 있다.

아무튼 그렇다고 하자

그렇다. 상권마다 특수성이 있지만 감사하게도 항상 1위를 고수했다. 하루 운영 5시간에 평균 9회전. 우리 집이 2회전을 돌고 나면 다른 집은 1회전째 손님이 아직 식사하고 계신다. 회전이 빠른 이유는 우리 집에 오시는 남자 손님들의 평균 식사 시간이 6분이기 때문이다. 요리 만드는 시간 6분, 서빙까지 1분, 식사 6분, 계산 후 테이블 정리까지 소요되는 3분을 합치면 대략 13~15분 이내에 1회전이 마무리된다. 물론 어디까지나 이론적으로만 그렇고 보통 20분 내외로 1회전이 마무리된다고 볼 수 있다.

자 생각해 보자. 18석이 바쁘게 돌아간다. 11시 30분부터 13시 30분까지. 2시간 동안 평균 단가 1만 원짜리 음식으로 매출 70만 원이 나오려면 어떤 일이 벌어져야 할까? 테이블 회전이 빠르고 주방과 홀 사이의 동선이 최적화된 가게에서는 실제로 말도 안 되는 일이 벌어진다. 그것도 주방 1명 홀 서버 1명으로 구성된 작은 가게에서 말이다.

#14. 주객전도

뭐야, 왜 우리가 라멘 맛집이야 여긴 덮밥집이라고

2호점을 운영한 지도 2년이 되어갈 때쯤, 요리를 내보내다 보면 주객이 전도된 느낌이 들어 가끔 기분이 싸할 때가 있다. 가장 그런 느낌을 강하게 받을 때는 라멘이 품절되면 뒤도 안 돌아보고 나가시는 단골손님들이 점점 많아질 때다. 사실… 판교 테크노밸리에서는 겨울철 줄어드는 매출에도 불구하고 라멘 요리를 팔지 않았다.

나는 장사꾼이 되는 걸 원치 않았기 때문이다. 단지 상권 내에서 매너를 지키겠다는 이유 하나로, 우리 음식을 그대로 카피하는 몹쓸 매장들이 옆에 생겨나도 나는 그들의 메뉴를 절대 침범하지 않았다. 그렇게 하지 않아도 우리 가게의 매출은 계속 늘었다.

여하튼, 2호점에서는 기존 덮밥집에 라멘을 추가했을 뿐인데, 나의 자부심 넘치는 덮밥이 라멘에 밀릴 줄이야…. 그런 생각이 들 때면 속상한 기분이 들기도 하지만, 인근의 라멘 매장보다 2천 원이나 비싸면서 구성은 형편없는 내 라멘을 사랑해 주시는 손님들이 많아지는 건 또 다른 의미의 훈장이 아닐까? 정말로 내 라멘은 면, 차슈 2장, 쪽파, 달걀이 끝이다. 숙주? 멘마(죽순)? 기쿠라게(목이버섯)? 그런 건 없다.

공룡 기업은 재택을 한다

지금까지는 코로나 팬데믹 이전의 상황이었다. 팬데믹이 전세계를 끝없는 공포로 몰고 갔고 매출은 당연히 많이 줄었다. 그런데 의외인 것은, 1호점이 있던 테크노밸리 매장 사장님들 이야기였다. 팬데믹 기간에 오히려 매출이 유지되거나 더 늘었다는 것이 아닌가!

2호점이 속해 있는 오피스 상권의 주요 손님은… 카카오, 네이버 웹툰, HP, 크래프톤, NC소프트 등등 이름만 들어도 어마어마한 대기업 직원들이다. 코로나로 인해 한동안 방문을 못하시다 최근 1년여 만에 가게에 오신 한 단골손님께 반갑게 인사를 했다. 그분 왈, 1년 넘게 재택근무하다가 오랜만에 출근했단다. 완벽한 상권이라고 생각했지만, 오히려 대기업은 재택으로 돌아가는 시스템이라는 게 참….

그에 반해 중소기업이 많이 있는 테크노밸리는 여전히 출근 중이었다는 것! 부럽다… 요식업 6년 차면 깨우침이 있을 줄 알았더니 아직도 난 멀리 보지 못하고 가까운 것만 보는 애송이였던 것이다.

뭐 그럼 어떻게 하나. 그냥 버텨야지. 존버하면 성공하느냐고? 성공 같은 소리. 존버는 그냥 힘들다. 그래도 많이들 출근하시는 NC소프트의 단골손님들께서 한동안 우리를 먹여 살려주셨다.

창업은 계속된다
그리고 계속되어야 한다

코로나 팬데믹이 절정에 달했던 2년여간, 재택으로 회사가 돌아갈 수 있는 시스템을 갖춘 공룡 IT 기업이 모여 있는 건물에 우리 가게가 있었다.

감염병 대유행이 곧 끝나겠지 하던 게 벌써 2년여가 훌쩍 넘었고 오미크론 변이가 터졌다. 손님들이 출근을 하지 않는 상황은 지속되었고, 결국 단골손님으로부터 전해 들은 이야기는 "저희 무기한 재택근무로 갈 것 같아요"라는 소식이었다.

이번 사태가 길어야 수개월일 것이라 여겨 배달 판매 등으로 재빠르게 전환하지 않은 탓도 있으나 가게의 규모 그리고 건물의 운영 방침상 배달로 운영할 수도 없었다. 밤 10시면 건물 공조, 온수 등 식당 운영에 필요한 시스템이 정지되기 때문이었다.

8.3평이라는 작은 공간에 4평의 주방, 그리고 남은 4.3평의 공간에 20석을 욱여넣은 매장은 불편하기 그지없었다. 손님들은 고작 가로 50cm, 세로 60cm 크기의 커피 테이블보다 좁은 2인 테이블에서 식사를 했다.

매일 식사를 해야 하는 직장인의 입장에서 음식의 '맛'이라는 요소는 모든 불편함을 상쇄하고도 남음이 있었지만, 외부에서 오는 손님에겐 한없이 불편하기만 한 식당일 수밖에 없다는 점은 늘 아쉬움으로 남았다. 그런 이유로 외부에도 별다른 홍보를 하지 않았다. 오피스 손님조차도 불편해서 가기 싫다는 분들이 많은 판에 외부 손님들이 느끼는 불만은 더욱 심할 수밖에 없을 거라고 생각했다.

결론적으로, 기약 없는 재택근무가 계속되는 한 가게의 생존에 대해 확신할 수는 없었다. 항상 조금 더 나의 기술이 들어간 음식을 팔고 싶었던 욕심, 판교의 단골손님들은 다 알고 계시는 '숙성 해산물'에 대한 나의 메뉴를 펼쳐볼 수 있는 공간으로 가야겠다는 생각이 점점 더 강해져 갔다.

오피스존에서 내가 검증할 수 있는 것은 다 했다. 이제는 다른 상권으로 눈을 돌려야 할 때였다. 고민 끝에 선택한 곳은 주거 상권이었다. 오피스 상권 등 외부 유입이 많은 상권은 팬데믹과 같은 위기가 찾아왔을 때 첫 번째로 타격을 입는다는 사실을 눈으로 보았기 때문이다. 물론 상대적으로 규모가 작은 기업들이 모인 상권은 의외로 재택근무가 활성화되지 않아 직접적인 타격이 없다는 것도 주변 사장님들을 통해 확인했지만, 이제 더 이상 덮밥만 팔고 싶지는 않다는 생각이 들었다.

2015년, 손에 쥔 것이라곤 아무것도 없던 당시 첫 창업을 시작하면서부터 나는 '사업체'를 꾸리는 것을 목표로 삼았다. 자영업을 넘어 사업으로 가기 위해 결국 정든 이곳을 벗어나기로 했다.

현재 새롭게 터를 잡은 용인시 수지구 상현동은 위치를 떠나 매장 자체의 테이블 간격이 여유롭고 테이블의 크기 또한 일반적인 규격으로 맞추었다. 동네 손님뿐만이 아니라 혹 멀리서 단골손님이 찾아오시더라도 만족도가 높은 매장 컨디션을 유지할 수 있다. 뿐만 아니라 건물 공조설비 이용 등에 제한이 없어 밤늦게까지도 운영할 수 있다.

현재 저녁 5시부터 자정까지 영업하고 일요일은 휴무다. 곧 점심도 할까 고민 중이다. 오피스존과 비교했을 때 시간대는 바뀌었지만 아직까지 주 48시간 근무라는 림 꼬또만의 워라밸 룰은 지켜가고 있다.

이제 이 매장에선 지금까지 매장 운영 방침에서 한 걸음 더 나아가, 그동안 체득한 숙성 노하우와 전처리 작업을 통해 냉장 상태의 육질을 그대로 보존하는 냉동 기술을 더욱 발전시키려 한다. 그리고 해외 업체의 의뢰로 진행하게 된 제품 개발 작업 과정에서 보유하게 된 멸균 제품 생산 기술이 있다. 이 기술을 활용한 메뉴를 유통시장으로 끌어낼 수 있는 방법을 고민해 보려 한다.

여러 가지 이유가 있었지만 나는 매장당 운영 기간이 긴 편이 아니었다. 매장을 자주 옮기다 보니 주변에는 이런 조언을 하는 사람들도 많다. "한 자리에서 계속 꾸준하게 해야지 그렇게 이사를 다니면 안 되는 거야."

나는 인생에서 가장 중요한 것 중 하나가 한 챕터의 시작과 끝을 맺는 것이라고 생각한다. 수내동에서 신논현으로, 다시 판교 테크노밸리로 그리고 판교역을 지나 지금은 상현동에 와 있다. 나는 오픈한 매장에서 내가 할 수 있는 모든 역량을 다 펼쳐냈을 때 비로소 다음 단계로 나아가기 위해 가게를 이전한다. 그게 지금 당장은 손해처럼 보일 수 있지만 결국은 더 멀리 가는 방법임을 알고 있다.

사업체의 규모에 따라 일을 하는 방식은 다르다. 구멍가게에는 구멍가게에 맞는 운영이 필요하고, 수퍼마켓에는 수퍼마켓에 맞는 운영이 필요하다. 작지만 알찬 구멍가게를 운영하며 충분히 많은 돈을 모으며 살 것인지, 모은 돈으로 다시 슈퍼마켓을 오픈할지는 경영 철학이 다를 뿐 옳고 그름을 따질 수 없다. 나는 둘 다 옳은 방향이라고 생각한다.

현시점에서 나는 첫 번째 목표를 달성하면 과거의 영광은 접고,

다음 새로운 목표를 향해 떠나는 것이 옳다고 생각할 뿐이다. 나는 작은 가게를 좋아하지만 이제 내가 이루고 싶었던 것들은 다 이루었다. 그리고 이 행복을 지속하기 위해 나에겐 새로운 목표가 필요하다.

이제 또 다른 큰 꿈을 향해 나아간다. 림 꼬또의 음식이 매장과 동일한 맛으로 고객의 식탁에 올라가는 것, 나아가 나의 냉동 기술을 활용한 제품이 전 세계의 식탁에 올라가는 것. 이루어지면 어떻고 그렇지 않으면 또 어떠한가. 그저 내가 꾸는 그런 큰 꿈이 오늘도 나에게 한 걸음씩 나아갈 수 있는 힘을 준다면 설령 이루지 못한다 해도 행복하다. 이 말 한마디면 충분하지 않은가.

"하면 되지, 아님 말고!"

부록

소자본 창업자를 위한 멘탈 수업

하면 되지, 아님 말고!

나만 잘했으면 그걸로 됐다

◇◇◇◇

나는 어떠한 일이든 실행에 옮기기 전까지 될까 안 될까를 고민하며 백만 번쯤 생각했던 사람이다. 그러나 집이 망한 후 그런 나의 사고방식은 완전히 바뀌었다. 어쩌면 이미 막장까지 가서였을까, "하면 되지, 아님 말고"가 나의 가장 중요한 인생철학이 되었다. 일단 하는 거다. 그렇게 일단 하고 봤더니 지금까지 밥 장사를 하고 있다. 일단 했는데 안된다고 좌절할 필요는 없다. 안되면 그냥 "아님 말고"라며 훌훌 털어버리면 그만이다.

"아! 아님 말고."

누구나 인생은 처음 사는 게 아닌가. 한 번 사는 인생 완벽하게 살 수 있다면 좋겠지만, 인생에서 가장 큰 즐거움은 실수를 통해 배워가는 것이 아니던가!

두 번 사는 인생이 아니라면 누구에게나 처음은 있다. 그리고 우리에겐 실패하더라도 다시 시작할 수 있는 기회가 있다. 당신이 끝이라고 생각하지만 않는다면.

나는 일하면서 머릿속으로 엄청난 횟수의 이미지 트레이닝을 한 후 일을 진행한다. 그럼에도 불구하고 모두 잘 되는 것은 아니다. 비단 나뿐 아니라 다른 이들도 마찬가지일 것이다.

더불어 사는 인생에서 '아님 말고' 자세는 나뿐 아니라 타인을 바라보는 시선도 바꿔준다. 혹자는 '남에겐 관대하되 나에게는 엄격하라'라고 말하지만 나는 그 말에 동의하지 않는다. 나는 '남에게 관대하고 나에겐 더 관대하라'라고 말한다. 어떤 결과가 나왔을 때 나에게 너그럽지 않으면 남에게도 너그러울 수 없다. 다만 최선을 다하면 된다. 최선을 다하고 실패했을 때 씨익 웃으면서 "아님 말고"라고 한마디 할 수 있는 인생, 괜찮지 않은가?

실패는 성공의 어머니라는 진부한 이야기를 뒤로 하고라도 실패는 우리에게 많은 것들을 남긴다. 일단, 지금까지 한 것이 잘못된 방법이었다는 것을 알게 된다. 또한 실패 가운데서 우연히 새로운 길을 발견하기도 한다.

식탁보에 실수로 기름을 쏟아 발견한 드라이 클리닝, 강력 접착제 개발 도중 실수로 탄생한 포스트 잇 등 우리는 주변에서 그러한 예를 심심치 않게 보아왔다. 나 역시 장사를 하면서 실수 덕에 만들어진 메뉴들이 있다. 자세한 방법은 영업 노하우라 말할 수 없지만,

재료를 실수로 엉뚱한 곳에 빠뜨리는 바람에 재료의 단점을 보완한 적도 있고, 실수로 냉장실의 온도를 잘못 맞추는 바람에 알게 된 새로운 재료 보관법도 있다. HMR 개발 의뢰를 통해 개발한 음식은 계약에는 실패했으나, 덕분에 그 누구도 생각지 못했을 노하우를 얻었다. 기회만 된다면 제품을 만들어 내는 건 매우 쉬운 일이기 때문에, 언젠가 이 노하우를 펼쳐나갈 날이 올 것을 기대하고 있다.

인생이 어느 방향으로 튈지는 아무도 모른다. 기대한 일이 도리어 더 큰 실패가 될 수도 있다. 성공의 길이 열릴 수도, 아니면 저 멀리 희미한 빛만 보이는 정도가 될 수도 있다. 하지만 실패함으로써 만들어지는 탄탄한 길은 성공으로는 만들 수 없다. 따라서 실패는 우리에게 충분한 가치가 있다.

망설이지 말고 도전하라. 망설임은 그저 당신의 안녕을 미루는 길일 뿐이다.

언제나 좋은 사람일 필요는 없다

받아들이지 않는 상대를 굳이 설득시키려 하지 마라

◇◇◇◇

세상을 살다 보면 다양한 유형의 사람을 만나게 된다. 나와 맞는 사람도 있고 그렇지 않은 사람도 있다. 서로 간에 관계가 좋고 나쁨을 떠나 다양한 성격의 사람들이 모여 살다 보면, 여러 일들을 경험하게 된다. 좋은 말을 해도 오해를 사는 경우가 있고 반대로 서운한 말을 했는데 상대방이 좋게 받아들여서 오히려 관계가 좋아지는 경우도 드물지만 가끔 있다.

말을 돌려 말하지 못하고 돌직구로 직진하는 성격이라면 특히 더 쉽게 오해를 받고 실수도 한다. 가장 마음이 아픈 경우는 분명 좋은 마음으로 시작했는데, 어떤 실수로 인해 정반대의 결과가 날 때다. 오해가 오해를 낳아 내가 아주 나쁜 놈이 되는 경우도 있었다. 분노한 상대방은 주변에 나에 대한 나쁜 소문을 퍼트린다. 시작은 좋은 마음이었더라도 내가 실수를 한 게 맞다면 실수한 부분에 대해 겸허하게 받아들이는 편이 낫다. 덕분에 좋은 인생 공부 했다고 여기고, 철저한 반성과 함께 두 번 다시 실수하지 않겠노라 다짐하는 태도가 매우 중요하다. 억울하다고 화내봤자 성인이 된 자에게 그런 행동은 어리석음만 더하는 꼴이다.

또한 실수를 한 게 있다면 상대방에게 진심으로 사과하자. 진심을 다했음에도 상대방이 받아들이지 않는다면? 그건 어쩔 수 없다. 받아들이지 않는 상대라면 어떠한 말을 해도 받아들이지 않을 것이다. 처음부터 받아들일 생각이 없기 때문이다. 그럴 때는 그냥 시간에 맡기자. 오랜 세월이 흘러 오해가 풀릴 수도 있고, 아니면 평생 그대로 갈 수도 있다. 평생 그대로 가면서 회복되지 않을 관계라면 처음부터 언젠가 깨질 관계였을 것이다.

실수에 대해서는 진심으로 사과하고, 상대방을 향한 미안한 마음을 평생 잊지만 말아라. 그렇다면 당신이 할 수 있는 건 다 했다.

나이와 경험이 훈장은 아니다

사람은 아는 것만 보인다

◇◇◇◇

학교라는 울타리를 벗어나 사회에 나와서 직업인으로 살다 보면 정말 놀라고 또 놀라는 게 있다. 이 세상엔 정말 상상할 수 없을 정도로 다양한 사람들이 살고 있다는 것. 성인이 되기 전까지 봐왔던 사람들을 하나의 카테고리로 묶어본다면 다양성의 측면에서 볼 때 전체의 1%도 안 될 것 같다.

그중에는 온통 '꼰대스러움'으로 무장한 채 원치도 않는 조언과 의견을 쏟아내는 사람들이 있다. 개인적으로 매우 싫어하는 부류다. 생각의 깊이와 넓이는 나이에 비례하지 않는다고 생각하기 때문이다. 실력도 마찬가지다. 나이나 경력과는 관계가 없다.

보통 경력자가 우대받는 직업군에서 꼰대들을 많이 볼 수가 있는데 그들은 '내가 본 것과 경험한 것'만 옳다고 여긴다. 경험만으로 한정되는 세상이란 얼마나 좁은가? 더 넓은 세상을 꿈꾸지 않으면 내가 서 있고 보이는 세상만이 전부인 것이다.

꼰대스러움으로 단단한 성벽을 두르고 세상을 즐기는 것도 인생을 사는 하나의 즐거움이라면 즐거움이겠다. 다만 명심해야 할 것은, 스스로 꼰대가 되는 순간 그 사람은 이미 인생의 막다른 길에 이른 것이라 봐도 된다는 점이다. 내 앞을 가로막은 벽을 넘기 위해선 더 높은 위쪽을 바라보거나 혹은 빠르게 다른 길로 돌아가는 유연함이 있어야 하는데, 꼰대들은 융통성이라곤 찾아볼 수 없다. 지금까지 앞으로만 직진했듯 벽을 뚫고 앞으로 가기만 하면 된다고 생각한다. 다행히 운이 좋으면 고생 끝에 벽을 뚫겠지만 그렇지 못하면 그 자리에 머물게 된다.

꼰대와는 싸우는 거 아니다. "네, 당신 말이 다 맞습니다"하면서 허허 웃고 말아라.

모든 건 '나'를 중심에 두고 결정하라

쓸데없는 관계로 인생을 허비하기에는 소중한 것들이 너무도 많다

◇◇◇◇

어차피 인생은 혼자다. 이렇게 말하면 그래도 가족이 있지 않나 반박하겠지만, 가족도 예외가 아니다. 아무리 화목한 가정이라고 해도 어느 날 갑자기 차라리 혼자인 게 낫다는 생각이 들 정도로 힘겨운 상황이 올 수도 있다. 아무리 친한 친구였다고 해도 살다 보면 끝까지 남는 친구는 거의 없다.

남자들이 부리는 '부심' 중에 '군대부심'과 '우정부심'이 있는데 특히 친구들과 원만한 관계를 유지하기 위해 굉장히 많은 돈과 시간을 쏟아붓는 사람들이 있다. 개인적으로 많이 아꼈던 아이가 딱 그런 스타일이었는데, 자신의 삶 속 모든 타임테이블의 정 중앙에 친구들이 들어가 있었다. 꼭 친구들 한정이라기보다 그냥 일상이 사람들과의 만남으로 꽉 채워진 아이였다. 난 이 학생이 자신의 미래를 위해서 뭔가를 하는 모습을 본 적이 없다.

그렇다고 해서 훈계를 하진 않았다. 그 이유는 앞에서 언급했듯 사랑이 있는 훈계라고 해도 받아들이는 사람이 필요성을 느끼지 못하면 잔소리에 불과하기 때문이다. 아무리 보아도 아직 훈계를 받아들일 수준이 아니었다. 괜한 잔소리를 했다간 사이가 틀어질 수밖에 없을 것 같아 여전히 얘기할 수 있을 때를 기다리고 있다.

확신하건대 그 아이의 인간관계는 2~3년 안에 모두 다 정리되고 새로운 인연들로 재편될 것이다. 그렇다면 지금 몇 년간 자신의 삶을 통째로 갈아 넣은 인간관계는 다시 0으로 돌아가는 것이다. 이전에도 말했듯 가족 관계조차 틀어지는 게 인생이다.

젊은 시절에 누릴 수 있는 것들을 누릴 줄 알아야 한다. 친구와 만나서 술을 마시는 등 쓸데없이 돈 쓰고 노는 횟수를 반으로 줄이면, 그 돈을 모아 조그만 중고차를 사서 멀리 여행을 다닐 수도 있을 것이고 혹은 남는 돈으로 일을 배워 미래를 준비할 수도 있을 것이다. "이런 얘기를 하는 당신이 꼰대 아냐?"라고 반문할 수도 있겠다. "언제 갈지 모르는 인생, 하루하루 최대한 즐기다가 훌쩍 떠나는 게 최고 아닌가?"라고 말하면 할 말은 없지만….

애석하게도 주변의 수많은 인생을 봐오며, 어린 시절 친구 관계에 몰입했던 사람 중에 자신의 삶에 충실한 사람은 거의 보지 못했다. 내 인생은 오직 나만이 책임질 수 있을 뿐 친구도 내 주변의 좋은 사람도 내 인생을 책임져줄 수 없다. 부모도 책임 못 져주는 인생을 친구나 주변의 지인들이 책임져 줄 수 있을 리 없지 않은가.

'바람직한 것'과 '내 인생에 남는 것'은 다르다. 인간관계에 너무 집중하지 말자. 학교를 졸업하고 사회로 진출하면, 각자 가는 길이 조금만 달라져도 다시 새로운 관계가 생기고 이전의 관계는 거의 사라지는 것이 인생이다. 지금은 죽고 못 살 것 같이 좋은 친구 관계지만 몇 년만 지나도 일 년에 한 번 연락할까 말까 하는 관계가 된다.

별다른 고민 없이 하루하루를 그저 즐기는 삶을 추구한다고 하더라도 그 삶에 나의 미래를 살짝 끼워 넣으면 어떨까?

평가를 가장한 질투는 무지에서 나온다

진짜 내 사람은 극소수다

◇◇◇◇

인생을 살면서 많은 사람을 만나지만 결국 나에게 직접적인 영향을 미치는 사람은 내 주변에 있는 사람이다. 그런데 문제가 있다. 아쉽게도 그들 중 일부는 내가 잘되면 어떻게든 나의 성과를 폄하하고 트집 잡으려 한다는 것이다.

혹시 내가 인복이 없어서 내 주변에만 그런 사람이 많은가 생각해봤지만 그렇지 않았다. 일반적으로 사람이 잘될 때 주위에 사람들이 모이고 망했을 때 흩어진다지만 그 반대의 경우도 있더라. 내가 가진 것이 아무것도 없고 불쌍하게 보일 때는 주변 사람들 모두 나를 응원하고 지지하고 칭찬하기 바빴다. 그러나 내가 조금 더 넓은 집으로 이사를 가고, 더 좋은 차를 구입하고, 해외여행도 다니자 돌연 나를 폄하하는 태도로 바뀐 것을 보면 이것은 인복의 문제가 아니라 사람의 본성과 관련이 있다 하겠다.

물론 이것은 인간의 본성과도 연결되지만, 작은 땅에서 무한 경쟁을 하며 살아가야 하는 한국인의 치열한 삶의 태도를 반영한 결과일 수도 있겠다. 오죽하면 사촌이 땅을 사면 배가 아프다는 속담도 있을까.

처음에는 화도 났다. 도대체 이 음식이 뭐가 맛있다고 하는지 이해가 안 된다고 비아냥거리는 사람(이런 말은 친한 사람이 해도 계속 들으면 기분이 안 좋다). 가게가 조금씩 성장하면서 단골들이 늘어나고 있을 즈음, 우리 가게에 마니아층이 많다고 하면 말로만 하지 말고 결과로 증명하라는 둥, 다들 조언을 가장한 트집 잡기에 바빴던 시절이 있었다.

평가를 가장한 질투와 시기는 사실 무지에서 나온다. 상대방이 성공한 이유를 이해할 수 없기 때문이다. 나보다 못하던 사람이 나보다 잘나간다는 현실을 부정하고 싶으니 뭐 하나라도 트집 잡으려 혈안이 될 수밖에. 자신이 더 우월하다는 걸 증명하고 싶은 심리다. 그러니 그런 말에 전혀 신경 쓸 필요 없다.

차근차근 성장하는 와중에 주변에 트집 잡는 사람들이 늘어나고 있다면, 그건 내가 잘하고 있다는 증거다. 불쌍한 사람은 연민을 일으키지만, 성장하고 있는 사람은 부러움과 시기를 일으킨다.

완벽해지는 가장 빠른 길은 완벽주의를 포기하는 것이다

완벽주의를 추구하는 사람치고 완벽한 사람 없다

◇◇◇◇

간혹 보면 "저는 완벽주의에요"라고 말하는 사람들이 있는데, 나는 아직 그들 중 완벽한 사람을 단 한 명도 본 적이 없다. 또한 태생적으로 불완전한 존재인 인간이 완벽주의를 지향한들 결과는 참혹할 뿐이다. 완벽주의를 지향하는 사람은 대개, 한계에 부딪혀 무너져 내리거나 스스로 이만하면 완벽하다고 착각하거나, 둘 중 하나다.

완벽주의를 추구하는 사람들에게 질문하고 싶은 것이 하나 있다. "완벽주의를 추구하는 이유가 무엇인가요?"라고. 대부분 자기만족일 것이다. 아마 남을 만족시키기 위해 완벽주의를 추구하는 사람은 거의 없지 않을까? 일반적으로 사람들은 타인이 완벽하길 바라지 않는다. 오히려 완벽주의를 추구하는 상대방을 볼 때면 피곤한 사람이라며 혀를 내두른다.

물론 앞에서는 배울 점이 많고 본받을 만한 사람이라고 치켜세울지 모르지만, 뒤에서는 가까워지고 싶지 않다며 고개를 가로저을 것이다.

이유는 간단하다. 완벽주의를 추구하는 사람들은 스스로 완벽하지 않으면서 타인에게는 완벽함을 강요하기 때문이다.

인생은 미완성이다. 누구나 시간이 지나고 경험이 쌓일수록 점점 완벽해진다. 완벽주의자들이 완벽하지 못한 이유는, 경험이 없음에도 불구하고 완벽함을 추구하기 때문이다. 그러한 완벽주의는 경험을 쌓기 위해 한 걸음 더 나아가려는 자신의 발목을 붙잡고, 그러다 보면 완벽에 이르는 과정조차 늦어진다.

간단하게 하나 예를 들어보자. 영어에 대해서만큼은 완벽주의자가 되고 싶은 강박관념이 있는 사람이 한 명 있다. 완전한 문장을 구사할 수 없으면 아예 말을 하지 않는다. 그는 영미권 외국인이 말을 걸어와도 거의 대답을 하지 못한다. 머릿속으로 완벽한 문장을 만들어 내기까지 시간이 오래 걸릴뿐더러, 완벽하지 않으면 말을 하지 않기 때문이다.

또 다른 한 사람은 말이 되든 말든 아무 말 대잔치처럼 영어를 쏟아낸다. 외국인과 어떠한 방식으로든 소통하고, 외국인의 말을 들으며 올바른 문장을 습득하고 고쳐나가기 시작한다. 둘 중 누가 더 빨리 영어 능통자가 될까?

자연스럽게 흘러가게 그냥 두어라. 그러다 보면 자신도 모르는 사이, 스스로 추구했던 완벽주의를 넘어서는 완벽함에 이미 도달해 있을 것이다.

자존감은 넘치되 자존심은 버려라

자존심이야말로 인생에서 아무 쓸데 없는 것이다

◇◇◇◇

자존감: 스스로 자기를 소중히 대하며 품위를 지키려는 감정.

자존심: 남에게 굽히지 아니하고 자신의 품위를 스스로 지키는 마음.

위의 사전적 의미처럼 자존감은 나 자신을 향해 갖는 감정이고,

자존심은 상대방을 향해 보이는 나의 태도이다. 좀 애매하고 어렵긴 하지만, 조금 더 설명하자면 자존심은 주로 내가 지키고자 하는 가치를 빼앗기지 않으려는 투쟁이다. '자존심을 지켰다, 자존심이 짓밟혔다'라는 표현처럼. 반면 자존감은 내면에서 싹트는 에너지에 가깝다. 사전적 의미로는 둘 다 좋아 보이나 자존심은 상대방과의 대결을 전제로 하기 때문인지 실제 우리의 삶에서 긍정의 의미로는 잘 쓰이지 않는다.

인생을 살면서 가장 초라할 때가 쓸데없이 자존심을 세울 때라고 생각한다. 나는 자존감이 매우 높다. 정말 하늘 높은 줄 모를 정도로 치솟아서 이미 하늘 끝에 닿아 있다. 반면 자존심은 그리 센 편이 아니다. 그래서 남이 뭐라고 하든 주위의 평가에 크게 영향받지 않는다.

잘살던 시절엔 자존심도 높았다. 하지만 망하고 나니 자존심을 세울 필요가 없었다. 어쩌면 초라해진 자신의 모습을 보며 남은 자존심이라도 세워야 하는 게 맞는 것 같은데, 나는 망한 후에 오히려 나의 존귀함을 느꼈던 것 같다. 그래서 나는 내 가게를 '구멍가게'라고 표현하는데 아무런 거리낌이 없었다(반면 이 말을 전혀 받아들이지 못하는 사람이 있는데 아래 사연에 나오는 자존심이 높은 타입이다). 내 입으로 내가 가난하다고 말하는 데 아무 거리낌이 없었다. 망한 모습을 보며 나를 비웃고 무시하는 사람들을 볼 때면, 겨우 이 정도 형편밖에 되지 않는 사람을 무시하는 것으로 위안을 삼다니… 그렇게라도 자신을 높이려는 그들이 참 불쌍한 인생이란 생각이 들었다.

아는 사람이 있다. 어떻게 하다 보니 나름대로 사업을 잘해서 돈을 넉넉하게 벌었던 것 같다. 근데 뒤이어 하는 사업마다 다 망했다. 벌인 사업마다 망하니 처음 하던 사업마저 휘청거려 어려움에 처했다. 그는 자존감이 낮고 자존심만 남은 사람이었다.

자신이 어려운 사정이니 도와달라고 말하는 와중에도 끝까지 자존심을 굽히지 않았다. 대화 도중 얼굴이 상기되며 과거에 자기가 천만 원씩 벌었다며, 몇백만 원도 돈이냐면서 열심히 살아가는 소상공인과 노동의 가치를 폄하는 발언도 서슴지 않았다. 막상 자신은 한 달에 2~300만 원도 벌 수 없는 처지임에도 불구하고, 사업이 망해도 과거의 영광에서 헤어나오질 못한다.

겉으로는 허세가 심했고, 조언을 구하길래 조언을 해주었지만 전혀 먹히질 않는다. 대화 도중 어려운 상황에는 자존심이 중요하지 않다고 생각하기에 그의 회사에 대해 '구멍가게'라는 표현을 썼다. 그러자 "너 같은 녀석은 이런 거 하지도 못하는데 어디 함부로 구멍가게라고 하느냐"며 화부터 내기 바빴다. 배울 자세가 되어 있지 않은 사람에게 해줄 수 있는 건 아무것도 없다.

"저 사람은 자존심 때문에 안 돼"라는 말을 많이들 들어봤을 것이다. 자존심이야말로 인생에서 아무 쓸데없는 것이다. 내가 잘나가고 있다면 잘나가기 때문에 필요 없고, 내가 망해서 별 볼 일 없는 상황이라면 별 볼 일 없기 때문에 필요 없는 게 자존심이다. 어느 때건 필요 없는 자존심만 지키다 정작 중요한 성공의 기회를 놓친다.

호의는 아무 때나 베푸는 게 아니다

호의가 반복되면 권리인 줄 안다

◇◇◇◇

호의는 함부로 베풀어선 곤란하다. 지속적인 호의는 상대의 본성을 깨우기 때문이다. 왜 호의가 계속되면 당연한 게 되는 걸까? 간단하다. 익숙하기 때문이다. 나의 배려가 그들의 삶을 망치고 있지는 않은지 우리는 심각하게 고민해 봐야 한다.

살다 보면 호의와 배려를 받는 게 당연한 일상인 사람들도 만나게 된다. 사회적 약자인 경우다. 배려와 도움이 당연히 필요하지만, 그들 중 일부는 자신을 향한 호의가 당연하며 호의를 베풀지 않으면 불쾌하다거나 무례하다고 말하기도 한다.

물론 사회적 약자들은 배려를 받는 게 당연할 수 있다고 치자. 하지만 이런 태도로 인한 문제는 비즈니스 관계에서도 충분히 일어날 수 있다. 사업을 하면서, 좋은 게 좋은 거라고 상대방의 사정을 배려해 양보를 해주다 보면 상대방은 어느샌가 그것이 당연하다 여긴다. 양보해 주지 않으면 오히려 화를 내는 사람도 있다.

그러나 이런 사람들을 보면서 그들을 욕할 수만도 없다. 사람은 누구나 자신을 중심으로 생각하기 때문이다. 심지어 나조차도 배려를 많이 받다 보면 적어도 그 사람에게 받는 호의는 당연하다고 느낄 것이고, 언젠가 그가 내게 호의를 보이지 않으면 나는 기분이 나쁠 수도 있다.

배려와 호의의 배신은 직원 혹은 손님과의 커뮤니케이션에서도 많이 벌어질 수 있는 일이다. 그래서 '선'을 지키는 것은 매우 중요하다. 한 번 외상을 받아줬더니 계속 외상을 하는 손님, 바쁘지 않은 날 조금 일찍 끝내줬더니 정시까지 일 시키면 섭섭해하는 직원 등 가게를 운영하면서 늘상 겪게 되는 문제다.

선의로 상대방에게 베푸는 행동이 모두에게 감동을 주는 것은 아니다. 어떤 이에겐 선의가 오히려 불편함으로 다가올 수도 있다. 따라서 내가 베푼 호의로 인해 벌어지는 문제는 상대방뿐 아니라 나에게도 문제가 있음을 알아야 한다. 굳이 착하고 좋은 사람이 되려고 노력할 필요는 없다. 만약 당신에게 착한 아이 증후군이 있어서 그저 착하게 살아야만 하는 운명이라면 상대방이 고마워하지 않아도 섭섭해하진 말자. 스스로 만족감을 느꼈다면 그것으로 되었다.

어려운 누군가를 책임지겠다는 마음도 교만이다

책임진다고 해서 고마워하는 것도 아니다

◇◇◇◇

난 오지랖이 좀 넓다. 어떤 면에서는 장점이기도 하고 어떤 면에서는 단점인 오지랖. 난 그다지 착한 사람이 아닌데도 누군가를 돕는 걸 좋아한다. 그러다 보니 돈이 없어도 항상 누군가를 돕는 일을 해오고는 했는데, 주변에 힘들어하는 사람을 보면 그들의 진심이 어떻건, 나는 항상 최선을 다해 도울 수 있는 부분을 돕고자 했다.

언제나 비즈니스에는 사적인 감정이 들어가선 안 된다고 머리로는 생각한다. 일을 배울 때도 그렇게 배웠다. 하지만 사람의 삶이라는 게 머릿속으로 생각하는 것만큼 팍팍하게만 돌아가던가? 결국 주변에 어려운 사람들을 보면 그럴 필요 없음에도 굳이 내가 먼저 손을 내미는 경우가 많았다. 사는 게 너무 힘들어서 어떻게 해야 할지 모르겠다며 나를 찾아올 때도 외면하기 어려웠다.

갑각류가 성장하기 위해서는 탈피 과정을 거친다. 단단한 껍질을 깨고 나오는 탈피 과정 자체도 고통스럽지만 허물을 벗고 나온 순간에는 몸이 말랑말랑해져서 공격받기 쉽고 상처받기도 쉽다고 한다. 그러나 그때가 바로 성장을 위한 시기다. 사람도 마찬가지다. 즉 성장을 위해서는 성장통이 필요하다는 것인데, 나의 발 빠른 오지랖은 그들의 성장에 필요한 성장통을 주지 못했다. 내가 그랬던 것처럼 바닥을 뚫고 들어가 지하에서 기어봐야 하는데, 나의 발 빠른 해결책 제시는 오히려 그들의 성장을 방해했던 것 같다.

그러다 보니 내가 돕고자 했던 사람과도 틀어지고 상황이 더 안 좋아지는 일도 생겼다. 물론 사이가 틀어진 것에 대해 후회는 하지 않는다. 나의 빠르고 확실한 베품은 내 삶에서 손절해야 할 사람이 누구인지 미리 알게 해주는 장점도 있으니까. 다만 그 과정에서 남는 상처는 나에게도 아픔이다.

겪어보니 내가 누군가를 책임지겠다는 마음도 교만이더라. 나는 그저 그들의 어려움을 들어주기만 하고, 그들이 정말 힘들다고 도움을 요청할 때 비로소 도움의 손길을 내밀었어야 했다.

꿈을 꾸는 것에도 순서가 있다

멀리 있는 큰 꿈을 위해 내 앞의 작은 꿈을 지나치지 마라

◇◇◇◇

내 삶에 아무것도 남지 않았을 때, 나에게 남은 유일한 재산은 꿈이었다. 고등학생 시절에 감명 깊게 들은, 뇌리에 깊이 박힌 이야기가 있다. "꿈이 있다면 결코 죽지 않는다"라는 이야기였다. 별 꿈이 없던 시절 들었던 이야기가 망한 후에야 비로소 나에게 꿈을 꾸게 해줄 줄 누가 알았겠나. 이래서 평소에 스쳐 지나가며 듣는 이야기 중에 흘려 들을 말이 하나도 없다.

그 시절, 나는 꿈을 잃지 않았다. 대단한 꿈도 아니었다. 다시 스스로 돈을 버는 삶으로 돌아가는 게 꿈이었다. 그리고 그때부터 꾸기 시작해 지금까지도 꾸고 있는 꿈이 하나 더 있다. 지금도 여전히 너무 큰 꿈이라 남들이 들으면 허무맹랑하기 그지없다고 느낄 것이다. 먼 곳을 바라볼 수 있게 하는 꿈이 있기에 오늘이 힘들어도 그저 달릴 수 있다.

달리다 보면 지치기도 하고 앞이 보이지 않는 현실에 잠시 주저하기도 하지만, 그럼에도 쓰러지지 않고 천천히라도 꾸준히 걸어갈 수 있는 이유는 이 길의 끝에 분명 원하던 목적지가 있을 거라는 확신을 잃지 않았기 때문이다.

지금 내가 꾸는 작은 꿈 중 하나는 요리를 아예 모르는 직원 한 명으로도 문제 없이 돌아가는 가게를 만드는 것이다. 그러면 누구라도 창업을 할 수 있기 때문이다. '야옹제면소'를 통해서 그 꿈은 거의 이루어졌다. 이제 그 한 명의 직원으로 내가 꿈꾸던 다른 것들을 하나씩 이루어 나갈 것이다. 이렇게 하나의 작은 꿈이 이루어지면 다시 새로운 꿈에 도전할 커다란 힘을 얻는다. 처음부터 너무 큰 꿈에 매달리기보다 작은 꿈, 작은 성공을 하나씩 이루어가는 것, 그 작은 꿈들을 통해 조금 더 큰 꿈을 이루어가는 선순환의 삶을 꿈꾸어보자.

우울감은 나에게 찾아온 또 다른 나다

우울감이 들면 깊게 빠져보자 그리고 털고 나오자

◇◇◇◇

"인생은 즐겁게!"라는 말이 내 삶의 모토지만, 사람이 언제나 밝게 살 수만은 없다. 너무 밝게만 살다 보면 그 또한 남들이 볼 때 조금 이상하다 느낄 것이다. 평소 우울감을 거의 느끼지 않지만 너무 힘이 들거나 안 좋은 일이 생기면 아주 잠깐씩 우울감에 빠지곤 하는데, 희한하게도 정작 집이 망했을 때는 우울감에 빠지지 않았다. 다시 재기하기 위해 사업을 하면서 몸이 너무 힘들면 가끔 우울감이 찾아왔던 것 같다.

우울한 사람에게 위로를 건넨다며 "더 힘든 사람도 있으니 힘내"라는 이야기를 하기도 하는데, 차라리 하지 않는 게 낫다. 그때는 그냥 힘내라는 말보다 아무 말 없이 옆에서 토닥여 주고 곁에 있어주는 것만으로도 충분하다.

슬플 때 펑펑 울면 진정도 좀 되고 마음도 편해지지 않던가? 슬픔과 우울은 약간 다른 감정이겠지만 만약 우울감이 들면 우울감에 흠뻑 빠져보길 권한다. 어설픈 우울감을 갖고 계속 지내다 보면 나도 힘들지만 주변 사람은 더 힘들다.

더 큰 문제는 우울함이 일상이 되면, 급기야 주변 사람들도 "쟤는 원래 저래"라는 식으로 대수롭지 않게 넘기게 된다. 그러다 보면 내가 진짜 우울할 때 옆에서 달래줄 사람이 없어진다. 그 상태가 계속 진행되다 보면 극단적인 상황으로 갈 수도 있기 때문에 정말 위험하다.

우울감이 아주 옅게 들어온다면, 그 상황에 대해 고찰하듯 깊게 한번 우울함을 느껴보자. 그리고 잠시 후 훌훌 털고 나오자. 깊은 우울감을 겪은 후라면, 다시 현실에 복귀하였을 때 의외로 "별거 아니네?" 하고 쉽게 넘길 수 있다.

넘어져도 괜찮다,
죽지 않았다면 다시 일어나면 되니까

아이는 걸음마를 시작하기 위해 수백 번 넘어진다

◇◇◇◇

'첫술에 배부르랴'라는 속담을 별로 좋아하지 않는다. 이유는 너무도 현실적인 조언이기 때문이다. 그냥 한술 밥에 배부르면 좋겠다. 아마도 절대로 그런 일은 일어날 수 없기에 더 그런 마음이 드는 건 아닐까?

거듭되는 실패로 마음이 무겁고 힘들다면 이 이야기를 한번 들려주고 싶다. 나는 연대보증을 선 후 완전히 망했고 뭐든 하기만 하면 잘 풀리는 인생에서, 뭘 해도 안되는 인생이 되었다. 돈은 배신하지 않는다고 돈이 있으면 안 될 것도 되는 것처럼, 돈이 없으니 될 것도 안되더라.

그런데 돈이 있을 때와 없을 때의 내 실력이 달라지진 않았다. 오히려 망한 후에 절박함 속에서 눈앞에 닥쳐온 문제들을 고민하게 되었고, 그 과정을 통해 더욱더 인생의 내공을 쌓아가고 있었다.

사람은 누구나 때가 있다는 얘기를 어른들을 통해 들었지만, 정말 사람은 때가 있다는 사실을 인생을 살면서 확실히 깨닫게 되었다. 정말 어쩜 그렇게 아무리 무언가를 해도 하는 것마다 성과를 내지 못하던 시절이 있었다.

그때가 2012년부터 2015년 사이였다. 망한 후 4년의 시간은 정말 뭘 해도 되지 않았다. 그저 언젠가 다시 나의 시간이 올 거라는 터무니없는 믿음 하나로 버텨가던 시절이었다. 정말 계속 넘어지고 또 넘어졌다. 하는 일마다 다 실패하고 만나는 사람마다 다 나에게 있어선 별 볼 일 없는(나와 맞지 않는) 사람들만 만났다.

그런데 그렇게 실패만 거듭하는 와중에도 얻는 것이 많았다. 이전과 완전히 달라진 밑바닥 인생에 있는 사람으로서 되는 일과 안 되는 일을 구분할 수 있는 눈이 높아졌다. 작은 것부터 하나씩 쌓아가겠다는 마음의 자세와 작은 성공의 씨앗을 알아보는 안목이 생겼다.

그렇다면 그 4년간의 인생은 실패한 삶이었을까? 당시 내 눈으로 봤을 땐 처절하게 실패한 삶이었다. 그러나 지금 돌아보면 오늘 이 글을 쓸 수 있게끔 나를 단련해 준 시간이었다. 물론 당시에는 실패만 거듭해야 하는 상황이 전혀 이해되지 않았다.

하는 것마다 엎어지고 일어나도 계속 넘어진다면 왜 그러는지 한번 생각해 보자. 아무리 생각해도 도저히 그 이유를 모르겠다면 더 이상 생각하지 말고 털어버리자. 단, 그 상황에서도 다시 일어설 약간의 힘만 남아 있다면 그걸로 되었다.

왜냐고? 그렇게 버텨나가다 보면, 시간이 지났을 때 지나간 과거를 생각하면서 웃게 될 것이니까. "그래, 그때 그런 일이 있었지? 지금 와서 생각해 보면 이러저러했기 때문에 그랬던 건데 왜 그때는 이걸 몰랐을까?"라고 웃으며 말하는 당신을 보게 될 테니까.

사람은 고쳐 쓰는 게 아니다

걸레는 빨아 써도 걸레다

◇◇◇◇

'걸레는 빨아 써도 걸레다.' 참으로 천박한 말 같지만 촌철살인이라고 표현할 수 있을 만큼 엄청난 인생의 지혜가 담긴 한마디라고 생각한다. 그래서 난 이 말을 참 좋아한다.

나 역시 진심 어린 마음으로 정성을 다해 사람을 대하면 상대방의 본성을 변화시킬 수 있다고 아주 굳게 믿었던 사람이었다. 그런데 서울 강남구 안에서 나와 비슷한 환경에 있는 사람들과 더불어 온실 속 화초처럼 자라온 나는 온실 밖의 세상이 어떤 곳인지 전혀 알지 못했다. 사실 결혼한 후에도 잘 몰랐다. 집안이 망하고 내가 작은 음식점을 다시 시작할 때까지도 정말 몰랐다.

그런데 음식점이 조금씩 바빠지고 아르바이트 등을 고용하기 시작하면서 정말 이 세상에는 다양한 사람이 있고, 내가 상상할 수 없는 부류의 사람들이 있다는 사실을 비로소 알게 되었다.

사람은 변하지 않는다. 만약 변한다면 그건 극히 드물고 예외적인 경우라 할 것이다. 살아가는 과정에서 각자의 환경에 따라 깎이고 다듬어지며, 모난 부분을 자의 혹은 타의에 의해서 숨길 수는 있어도, 그들의 본질은 절대 바뀌지 않는다는 생각이다.

어떻게 아느냐고? 자 일단 내 얘기부터 좀 해보겠다. 나는 집이 완전히 망한 후 돈이 없으니 당연히 불필요한 소비도 없었다. 그렇게 3~4년을 살면서 '아, 나는 이제 정말 경제적으로 자유로워졌구나. 많은 걸 배웠고 이렇게 어려운 삶을 살아가는 경험을 통해 돈 없이 살아도 마음이 풍족하게 살 수 있는 법을 배웠다. 이제는 돈이 없어도 살 수 있고, 돈을 다시 벌어도 예전과 달리 알뜰하게 잘 살 수 있을 것 같다'라고 생각했다.

그런데 웬걸, 다시 돈을 벌기 시작하니 예전의 소비 패턴이 나오기 시작했다. 그때 알았다. 사람은 변하지 않는다는 걸. 그나마 내가 벌어 내가 소비하는 거니 남에게 피해를 주는 건 아니기에 그냥 귀엽게 봐줄 수 있다.

문제는 금전이 오고 가는 비즈니스 관계에서 그런 싹이 보이는 사람과는 절대 일로 엮이면 안 된다는 점이다. 이런 성향을 첫인상에 정확히 구분해 내기란 쉽지 않다. 고용 후에 일을 맡기다 보면 나중에 자연스럽게 그 사람의 본성이 나오게 되는데, 이때 현명한 선택을 해야 한다. 물론 단지 고용 관계뿐 아니라 소속되어 있는 커뮤니티에서도 이런 문제가 생길 수 있다. 이때도 마찬가지다.

흔히 '나쁜남자'를 보면서 저 남자가 남들한텐 저래도 나에게는 다정할 것이라는 환상을 가진 경우가 많은 것처럼, '저 사람이 지금은 저래도 나와 관계가 좋아지고 신뢰가 쌓이면 나아지겠지'라고 생각하겠지만, 인생은 그렇게 녹록하지 않다. 그 사람은 당신과 관계가 좋아지고 신뢰가 쌓이면 그걸 이용해서 더욱더 자신의 이익을 꾀할 것이다. 설마 그렇겠냐고? 그렇다. 내가 아주 잘 안다. 그럼에도 끝까지 베풀고 퍼주겠다는 선의가 아닌 한 손절이 최선이다. 수건이 필요하면 수건을 사고, 행주가 필요하면 행주를 사야 한다. 걸레는 빨아도 걸레다.

소중한 사람은 가까이 있다

그 소중함을 뒤늦게 알게 된다면 남는 건 후회뿐이다

◇◇◇◇

내 주변의 소중함을 안다는 건 어려운 일이다. 매일 반복되는 일상에 대한 기쁨과 감사가 전제되어야 늘 곁에 있는 사람이 얼마나 소중한 사람인지 깨닫게 된다. 가부장적인 시대의 가장들이 집 밖에

서만 좋은 사람인 경우를 심심치 않게 보아왔다. 물론 요즘도 그런 사고방식을 가진 사람들이 있겠지만 내 생각엔 그래도 예전에 비하면 가정을 중심에 두는 가장들이 많아진 것 같다.

평범한 것은 평범하기 때문에 의미가 있다. 매일 몰아치는 삶을 살았던 나에겐 특히 더 그 평범함이 그립다. 그래서 나는 그 평범함이 얼마나 가치 있고 소중한 것인지 잘 알고 있다. 행복이란 멀리 있지 않다. 늘 곁에 있는 사람에게서 찾을 수 있다. 굳이 찾지 않아도 한 번 생각하는 것만으로도 금방 알아차릴 수 있다. 내 삶을 지탱하고 이겨나갈 수 있게 해주는 힘은 바로 내 곁에 있는 사람에게서 나온다는 걸.

사이가 좋지 않던 배우자와 사별한 뒤 뒤늦게 소중함을 깨닫고 그리워하는 사람, 배우자에게 잘하지 못했던 과거를 자책하는 사람 등 후회해 봐야 이미 그때는 돌이킬 수 없을 만큼 늦은 것이다.

인생은 60부터라는 얘기도 옛말일 정도로 젊어진 시대를 살고 있다. 그럼에도 우리에게 주어진 날은 참으로 짧다. '사랑할 시간도 짧은데 인생을 화와 다툼으로 허비하지 말자.' 주변 사람들에게 자주 하는 말이다. 본래 화가 많은 스스로에게 최면처럼 거는 말이기도 하다. 이런 말을 스스로 되뇔수록 시간이 참으로 짧다는 게 아쉽기만 하다.

우리 삶을 돌아보면 사랑하는 사람에게 사랑한다는 표현을 하기보다, 사랑하는 사람이니 이해할 거란 생각으로 상처만 주는 게 일상이 아니었던가? 사랑하는 사람에게 받는 상처는 쉽게 아물기도 하지만 누적되면 더 큰 상처로 남고, 평생 지울 수 없는 아픔으로 기억되기도 한다. 남이야 서로 간에 안 좋은 기억으로 남기고 멀어지면 그만이지만, 가족은 그렇지 않다. 결국 넘을 수 없는 강을 건너는 모습을 많이 보았다. 부모와 자녀 간에, 형제간에, 부부간에 원수보다 못한 사이로 살아간다는 건 상처를 받은 사람에게도, 상처를 준 사람에게도 지옥이다.

부부간에 그리고 부모와 자식 간에 서로 상처를 주지 않으려고 노력하는 건 매우 중요하다. 내 인생에서 가장 중요한 가치가 있다면 가족이 하나가 되는 것이다. 나는 아내와 다투건 자녀를 혼내건 낮이라면 해가 떨어지기 전에 풀고, 저녁이라면 잠자리에 들기 전에 푼다. 서로 상한 감정을 절대 다음 날로 넘기지 않는다. 하루가 넘어가면 이틀이 되고, 일주일이 되는 건 너무도 쉬운 일이기 때문이다.

뒤늦게 소중함을 깨닫고 후회하는 것이야말로 인생의 비극이다. 내 곁에 있는 사람과 함께 소중한 인생의 추억을 쌓아갈 수 있기를.

기준은 높게, 현실은 정확하게

보물찾기에서 중요한 건 지도와 나침반이다

◇◇◇◇

인생은 기준점을 따라간다. 목적지가 바로 그 기준점에 있기 때문이다. 누구나 이상향을 꿈꾸지만, 그중에서 정확한 현실 파악을 토대로 나아가는 사람은 드물다. 현실을 정확하게 파악하는 사람은 자신이 나아가는 한 걸음 한 걸음에 집중하는 사람이다. 반면 도박으로 한탕을 꿈꾸는 이들은 삶의 기준은 높은 곳에 있을지 모르나 그들에겐 정확한 현실 파악이 결여되어 있다.

누구나 기준은 아주 높은 곳에 있다. 언젠가 전 세계의 유명한 요리사들과 견줄 수 있는 요리사가 되는 것, 이것이 나의 꿈이다. 이 꿈은 이루어지든 말든 상관없다. 최종 목표이지만 그것을 이루지 못한다고 인생이 실패하는 건 아니기 때문이다. 다만 나의 가게에서 그 목표를 이루기 위해 오늘도 한 걸음씩 걸어가고 있다. 비록 유명해지거나 성공하지 못한다 하더라도 스스로 정한 기준점에 다가서기 위해 매일 공부하고 수련할 뿐이다.

레토르트 멸균 식품의 식감을 유지하는 노하우와 냉동식품이라고는 믿기지 않을 수준의 신선도를 유지한 냉동식품이 이러한 과정에서 탄생했다. 언젠가 이 제품들이 세상에 나올 날이 있을 거라 믿는다. 그저 지금처럼 한 걸음씩 내가 가고자 하는 그 길을 따라 걸어간다면 말이다.

남들이 갖고 있지 않은 말도 안 되는 기술을 갖고 있다고 해서 최고의 요리사가 되는 건 아닐 것이다. 다만 내가 처한 현실을 정확히 판단하고, 낮은 자세로 그 자리에서 내가 할 수 있는 최대한의 것을 하나씩 하다 보면 언젠가 우리에게도 때가 올 수 있지 않을까? 물론 죽을 때까지 그런 날은 오지 않을 수도 있다.

그저 오늘 내가 가야 할 길을 묵묵히 걸어갈 뿐이다.

꿈꾸는 인생을 꿈꾸다

꿈이 있다면 쓰러지지 않는다

◇◇◇◇

나는 매일 꿈을 꾼다. 지금도 꾸고 있고, 희망이 없어 보이던 시절에도 넘치도록 꿈을 꾸었다. 앞에서도 언급했지만 존경하는 어른 중 한 분께서 "꿈이 있다면 결코 죽지 않는다"라는 말씀을 항상 해 주셨고, 당시 고등학생이던 나는 늘 그 이야기를 가슴에 새기고 또 새겼다. 결국 그 한 마디가 나를 다시 꿈꾸게 만들었고, 메마른 땅에 한 줄기 빛이 되었다.

내가 무얼 해야 할지 모를 때, 내가 살아가는 게 무슨 의미가 있는 건지 모를 때, 모든 것을 잃고 빈털터리가 되었을 때, 꿈을 꾼다는 것은 나로 하여금 우울감에 빠지지 않고 버티게 하는 힘이었다. 17평짜리 좁은 집으로 이사 갔을 때는 가족과 오순도순 행복하게 사는 삶을 꿈꿨고, 아이가 하고 싶은 것을 다 해줄 수 있는 날이 다시 오기를 꿈꿨다.

이제 어느 정도 자리를 잡은 지금, 나는 여전히 꿈을 꾼다. 나이가 들어 현실에 안주하는 순간 내 삶은 끝나는 거나 마찬가지다. 그래서 여전히 꿈을 꾼다. 꿈은 많으면 많을수록 좋다. 그 꿈들은 이루어지면 좋고, 혹여 이루어지지 않는다고 해도 좋다. 꿈이 다 이루어지고 없어지면 그것만큼 슬픈 일도 없으니까. 남은 꿈들이 당신의 인생에 작은 활력소가 되고 당신을 지치지 않게 할 것이니까.

남편과 아내의 감사 편지

동네 요리사로 일하는 남편의 감사 편지

삶의 희망이 되어준 작은 가게 림 꼬또의 창업 스토리에서 빼놓을 수 없는 가장 중요한 주인공은 당연히 림 꼬또가 계속 존재할 수 있게 해준 손님들입니다. 그중에서도 첫 시작을 함께 해주신 손님 한 분 한 분은 여전히 기억에 오래 남아 있지요. 바쁜 일상 중에도 문득문득 떠오를 때면 조용히 미소 짓곤 합니다.

우리를 처음 맞이한 손님은 2015년 어느 날, 인생에서 가장 뜨거운 여름을 보내고 있었을 고3 LKJ 학생이었습니다. 자신은 이런 음식을 좋아하지만 이 지하상가에서 잘될지 몰라서 걱정이라던 학생…. 중간에 다른 덮밥집을 가기도 했지만, 수능 끝나고 맛있는 음식이 생각나면 우리 집을 찾아온다던 그는 수능이 끝난 후 정말로 우리 가게를 찾아와 주었습니다. 가게를 다시 찾아와 준 그 학생을 보고 '아, 그래도 내가 꽤 괜찮은 음식을 만들고 있구나'라는 안도감과 함께 감사함을 느낄 수 있었던 순간이었습니다.

엄마가 해주는 새우장이 최고인 줄 알았는데 그게 아니었다며 칭찬해 주던 학생. 이제 시간이 너무 오래 지나 기억조차 가물가물하지만, 그 따뜻한 말 한마디가 지금의 림 꼬또를 있게 해주었습니다. 또 일주일에 서너 번씩 방문하던, 제가 애칭으로 '연어돌이'라고 부르는 학생도 있었습니다. 항상 일본 음료를 들고 지하상가에 내려와 연어 덮밥을 시켜 먹던 그 학생은 언젠가부터 엄마까지 함께 데려왔고 우리와 대화를 나누는 귀한 손님이 되었지요.

5일 7식이라는 림 꼬또 손님 중에서도 깨지지 않는 신기록 보유자이며, 쉬는 날 빼고 3개월간 단 3일을 제외하고 늘 1일 1식 이상 해주신 H 손님도 생각납니다. 도서관 총무로 일하면서 급여의 대부분을 림 꼬또 음식을 드시는데 쏟아 부었던…. 나중에는 여자친구와 데이트하는 날에도 우리 집에 함께 찾아와 식사를 하는 손님이 되셨지요. 그뿐 아닙니다. 술 마시고 해장이 필요한 다음 날, 우리 가게에 와서 굳이 꽃게 라면을 끓여달라고 하던, 그때마다 게장용 꽃게를 꺼내 신라면에 넣고 팔팔 끓여 대접해 주곤 했던, 조카 같아 더 기억에 남는 손님도 생각납니다. 제가 하는 음식이라면 무조건 믿고 먹던 손님이셨지요.

생일에 친구들을 모두 데리고 오더니 38,000원짜리 뜻밖의 스테이크를 비롯하여 이런 저런 음식을 주문했던 당시 재수 중이던 친구도 생각납니다. 학업 스트레스를 림 꼬또 음식을 먹는 것으로 푼다고 하던 그는 수내동의 분위기 좋은 맛집들을 마다하고 굳이 허름한 푸드코트에 있는 우리 가게를 여자친구와의 데이트 장소로 쓰던 친구였죠.

미식에 관심 있고 음식과 커트러리에도 많은 관심을 보였던 초등학생 친구, 엄마가 항상 내려와 누나들과 함께 먹을 스테이크를 사가셨습니다. 식성 까다로운 아들이 인정하면 정말 맛있는 거라고 칭찬해 주셨던 손님도 오늘따라 그립습니다.

당시 낙생고등학교의 귀염둥이 미식가였던 H군. 언제나 맛있다고 칭찬하며 친구들을 데리고 와줘서 고마웠습니다. 오픈 전 림 꼬또가 앞으로 판매할 메뉴를 맞춰주셔서 식사를 무료로 제공했던 영덕여고 두 여학생, 한 분은 안경에 포니테일, 한 분은 치아교정을 하고 계셨었는데… 언제든 이 책을 보고 생각나면 놀러 오세요. 무료입니다.

치아교정을 하고 있던 친구는 언니가 맛있는 음식을 사주겠다고 해서 우리 가게에 언니와 함께 와서 식사를 하고 가기도 했지요. 더 비싼 음식을 먹을 수 있음에도 우리 가게에 와서 식사를 해줘서 참 고마운 친구였습니다.

매주 토요일 이른 점심 즈음이면, 항상 집에서 슬슬 걸어와서 식사하시던 정자동 신혼부부 커플도 항상 반갑게 맞이하는 손님이었습니다.

우리 가게가 뭐라고 토요일이면 주문 후 한 시간 이상을 천천히 책을 보거나 휴대폰을 보며 스테이크 덮밥을 드시고 가시는 손님들도 많았습니다. 그분들 모두 아무런 불만이나 재촉 없이 조용히 기다려 주시고 맛있게 드셔 주셔서 참 많은 힘이 되었습니다.

림 꼬또에서 스테이크를 먹으면 와인이, 연어를 먹으면 맥주가 생각난다고 하신 산이 어머님… 고맙습니다.

삼 남매를 멋지게 키우신 HY 학생의 어머님도 감사드려요. 첫째가 와서 먹으니 둘째를 안 보낼 수 없고, 둘째를 보내니 막내도 따라가서 결국 셋이 먹고 오면 한 끼에 3만 원이라 보통 일이 아니라고 웃으면서 말씀해 주셨었는데, 강남점 오픈 후 버스에서 우연히 만났을 때 "림 꼬또가 상가 하나 살리고 나간 거 동네 주민들은 다 알아요"라고 응원해 주셔서 저희에게 큰 힘이 되었습니다.

송파의 모 연어 덮밥집을 갈 필요가 없어졌다고 칭찬해 주셨던, 예술가처럼 생기신 치과 의사 선생님도 감사드립니다. 이전한다고 하니 너무 아쉽다는 표현을 해주셔서 참 감사하고 든든했습니다. 분당 포인트 부동산 사장님도 저희 가게를 자주 이용해 주셔서 참 고마우신 분이었습니다.

홀서빙하는 아내가 예뻐라 하는, 홈스쿨링 하면서 미대를 준비하던 남학생…. 매일 하루도 빠짐없이 엄마 카드로 림 꼬또 영수증이 끊기니, 도대체 무슨 일이길래 아들이 매일 림 꼬또에서 식사를 하나, 혹시 예쁜 여자 아르바이트생이 있나 어머니가 궁금해하셨죠. 그래서 지하상가에 내려오셨다가 아들내미 맛있는 밥 해줘서 고맙다며 앞으로도 아들 잘 부탁한다고 말씀해 주셔서 감사했습니다. 그 뒤로도 저희 가게의 손님이 되어주셨지요.

개포동에서 카레를 사러 일주일에 2~3회 오셨던 어머님…. 고3 딸아이가 카레가 너무 맛있다고 해서 올 수밖에 없었다면서, 강남으로 이전하면 거리는 가까워도 차가 너무 막히는 곳이라 가기 어려울 것 같아 아쉽다고 말씀해 주셨지요. 저희 가게의 카레로 고3 스트레스를 풀었던 따님과 힘들게 오신 어머님께 감사함을 전합니다.

시애틀에서 살다 오신 나이 지긋하신 어르신께도 감사합니다. "너는 어디서도 성공할 수 있지만, 여긴 아냐 넌 더 큰 곳으로 나가야 해"라고 툭 던지신 한마디로 인해 림 꼬또가 자신 있게 한 걸음 더 나아갈 수 있었지요.

저의 첫 매장에 방문해 주신 손님들은 모두 친구 같고 좋은 분들이셨습니다. 어쩌면 지금처럼 주방에서 바쁘게 움직이지 않고 오시는 모든 손님을 직접 응대했기 때문에 더 그런 기분을 느낄 수 있었던 것 같습니다. 그리고 이 책을 통해 저희 이야기를 들어주신 한 분 한 분 모두 감사합니다.

마지막으로 꼭 감사함을 전하고 싶은 분들이 있습니다.

차병원 의학전문대학원 연말 파티 퀴즈에 "내가 가장 좋아하는 음식점은?"이라는 퀴즈를 실어주셨던, 그리고 지금은 손님과 업주의 관계를 훌쩍 넘어선 DK 학생과 그의 친구들…. 항상 사랑해 주셔서 많은 힘과 위로가 되었습니다.

1일 1식 크래프톤의 림 꼬또 홍보대사 '개굴' the KH님 덕에 행복했습니다. 그 외에 아내를 통해 전해 들었던, 주노헤어 판교점에서 미래의 헤어 디자이너를 꿈꾸는 어린 친구들께 감사합니다. 머리 하러 오신 손님들께 동네 맛집으로 항상 림 꼬또를 추천해 주셨던 잘생기고 유쾌하신 원장님도 감사합니다. 1일 1식으로 매운삼겹덮밥과 연어 슬라이스를 항상 함께 드시던 관절의 마술사 정형외과 부원장님 감사드립니다.

그리고… 힘들고 고통스러운 코로나 시국, NC소프트 손님들 덕에 저희가 버틸 수 있었습니다. 고맙습니다.

위의 손님들은 림 꼬또에 자주 오시는 손님들이었기에 한없이 소중하고 귀한 분들이었습니다. 그런데 가끔 오시는 손님 중에서도 너무나 임펙트가 강해 지금까지도 저의 뇌리에 깊게 각인된 손님들이 있습니다. 그중에 모녀 손님을 빼놓을 수 없는데요, 자주 오시는 분들은 아니었습니다.

저는 수내동에서 가끔 바질을 직접 절구에 넣고 빻아서 바질페스토를 만들고는 했는데 모녀 손님께서 근처에 오셨다가 우연히 제가 바질페스토를 만드는 모습을 보게 되셨지요. 그리고 얼마 후, 정말 단정하게 마치 파인 다이닝에 오신 손님처럼 정장을 차려입고 가게에 방문하신 게 아니겠습니까? 오셔서 1만 원이 넘는 바질페스토 파스타를 주문하셨습니다.

점심이 조금 지난 시간이었는데 어딘가에 다녀오시는 길이었는지, 혹은 정말 그냥 우리 집에 오시기 위해 그렇게 입고 오신 건지는 잘 모르겠지만, 그때 느낀 감정은 '아, 나의 이런 하찮은 요리를 손님들께서 이렇게까지 존중해 주시는구나…!'였습니다. 저희가 차려낸 음식을 대하는 태도, 잘 먹었다는 마지막 인사까지 모든 것이 저희에게는 너무도 과분했습니다.

이 일은 저의 요리에 대한 진지한 태도를 더욱 확고하게 해주었습니다. 방문하신 손님 한 분 한 분께 제가 직접 만든 소스로 정성스레 음식을 만들어 대접하겠다는 다짐이었지요.

저희 가게에 들러주신 모든 손님 한 분 한 분이 림 꼬또를 만든 주인공입니다.

감사합니다.

홀 매니저로 일하는 아내의 감사 편지

매서운 찬바람과 거친 비바람을 막아주는 따뜻한 온실 안에서 주인에게 온갖 애정과 관심을 받고 자란 귀하디귀한 화초, 그게 바로 제 결혼 전 모습이었습니다. 그러다 남편과 함께 맞이한 차디찬 광풍은 저의 인생을 그야말로 쑥대밭으로 만들었지요.

그때부터 이미 황폐해진 제 인생의 밭에는 아무리 농사를 지어도 열매가 자라지 않았고 한 톨의 소출도 없었어요. 그러던 우리 가정에 림 꼬또라는 작은 가게는 먹을 것이 가득한 보고寶庫가 되어 저희를 바다로 안내해 주었지요.

저는 그때부터 림 꼬또라는 작은 배를 타고 어디든 갈 수 있는 우리만의 여행을 하게 되었습니다. 불과 얼마 전까지만 해도 인생의 낭떠러지에 서서 아무것도 보이지 않던 우리였지만, 이 작은 가게는 우리에게 희망을 안겨주었습니다.

작은 배를 타고 바다를 항해하며 많은 사람을 만나게 됩니다. 아침부터 저녁 늦게까지 저의 하루는 꽉 차 있고 매우 분주해요. 마치 구원과 희망의 상징인 노아의 방주를 타고 여행하는 이처럼, 저는 하루에 백여 명의 손님을 맞이하고 그들의 필요를 살펴보곤 합니다.

수많은 손님이 가게에 머물다 가지만 그중에 친구로 다가오는 이들이 있습니다. 그런 분들과 만나면 우리는 그분들을 소중한 친구로 맞이하게 됩니다. 그분들은 저희에게만 다정하지 않고 저희 아이들에게도 따뜻해요. 늘 바쁜 엄마 아빠 때문에 가게에서 일상을 보내야 하는 아이들에게 먼저 다가가 간식을 주고 용돈을 챙겨주는 감사한 분들….

이렇게 림 꼬또라는 배 안에서 아이는 사랑을 배우고 관계를 배웁니다. 그리고 성실함을 배우고 책임을 배웁니다. 늘 바쁘고 주는 것 없다고 생각했는데 아이는 이 안에서 무럭무럭 건강히 자라가고 있었음에 감사합니다. 손님이 모두 떠난 후 텅 빈 건물에서 이웃 동생과 '얼음땡'을 하며 뛰어다니자 림 꼬또는 금세 놀이터로 바뀝니다.

지금까지 많은 손님을 만나 왔습니다. 손님들은 각양각색의 모습을 하고 있었어요. 어떤 이들은 사슴같이 온순하고, 어떤 이들은 사자같이 사납고 거칠더군요. 또 어떤 이들은 고양이처럼 도도합니다. 어떤 이들은 강아지처럼 한없이 다정하고요.

사슴과 같은 손님은 삼겹살에 오돌뼈가 씹혀도 조용히 다 드신 후에 이야기해 주세요. "저는 맛있게 먹어서 괜찮은데 다른 손님에게 나갈 수 있으니 조심하세요"라고.

사자와 같은 손님은 실수를 용납하지 않습니다. 사진을 찍으시고 음식을 평가하시며 신랄하게 비판하지요. 저희 가게의 베스트셀러인 달콤치밥을 드시며 이렇게 단 음식을 어떻게 먹느냐며 화내시는 손님도 계셨고, 연어덮밥인데 간장에 절인 양파가 들어 있지 않다며 막무가내로 화내시는 손님도 계셨습니다. 그럴 땐 너무 속상하지요. 음식에 최선을 다하고 성실한 자세로 대해도 스스로의 편견에 갇혀 저희를 몰아세웁니다.

그런가 하면 고양이 같은 손님은 자신을 아는 척하는 것도 좋아하시지 않아요. 그런데 또 너무 무관심한 것도 좋아하지 않으십니다. 그들은 자신이 지금 관심을 두는 방향에 딱 맞게끔 음식점이 움직여 주길 바랄 뿐이에요. 술을 팔지 않는 우리 가게에 맥주잔이 없다고 화를 내고 투덜거리시는 분도 계셨습니다.

반면 강아지같이 따뜻하고 다정한 손님들은 제 마음을 넘어 우리 가정에 온기를 더해줍니다. 방학을 맞은 아이가 하루 종일 집에 혼자 있기에는 아직 어려서 가게에 나와 있으면, 어떤 손님은 자녀인지 물어보고 문제집 푸는 아이 앞에 5만 원을 놓더니 재빠르게 뒤도 안 돌아보고 도망가십니다! 돌려 드리려고 재빠르게 쫓아 나가면 그분은 이미 사라지고 난 뒤… . 같이 오신 동료분들은 자신들은 모르는 일이라며 애꿎은 천정만 바라보며 잡아뗍니다.

아이는 그 손님을 통해 따뜻한 세상을 보고 배웁니다. 간혹 자신의 마음에 들지 않는다며 엄마 아빠를 함부로 대하는 손님들을 볼 때마다, 마음 한편으로 속상한 마음도 들었을 아이가 '그래도 이 세상에는 좋은 어른이 많다'라는 것을 알게 됩니다.

어린이집에 코로나 확진자가 발생해 폐쇄되었을 때, 갈 곳 없는 아이는 엄마 가게에 나와 핸드폰으로 영상을 시청하곤 합니다. 그런데 그때였어요. 그냥 지나칠 수도 있을 텐데 손님이 간식을 사다 주십니다. 그 간식은 단순한 간식이 아니에요. 배려와 관심이고 그걸 넘어 우리를 소중한 친구로 맺어주는 매개체입니다. 우리는 이분들을 놓치지 않아요. 이분들은 우리에게 둘도 없는 소중한 벗이

됩니다.

저희와 인연을 맺어주시고 함께 여행해 주시며 희망을 선물해 주신 모든 분들께 이 자리를 빌려 진심으로 감사드립니다. 항상 건강하시고 가정에 기쁨이 가득하시길 빌어요.

• 마치며 •

7년이라는 세월 동안, 림 꼬또는 아주 천천히 성장해 왔다. 지하 푸드코트에 입점한 허름한 가게에서 출발해 판교 랜드마크 중 하나이자 공룡 IT 기업의 메카, 흔히 IT 업계 종사자들 사이에서 '강남'을 빗대 '판남'이라 불리는 노른자 땅까지 왔다.

코로나라는 복병을 만났음에도 가게가 좁아서, 또한 재택하는 가운데 조금씩 나오시는 손님들을 불편하게 할 수 없어 배달을 중심으로 매장을 운영하는 것이 불가능했다. 나의 당장의 수익보다 매일 찾아오시는 손님의 편의가 우선이라고 생각했기 때문이다. 코로나 팬데믹도 곧 지나갈 것이기 때문에 잠깐은 괜찮겠지라는 생각도 없지 않았다.

그런데 2년이 넘도록 이어진 팬데믹으로 인해 공룡 IT 기업들은 재택근무를 택했고, 이미 재택으로 아무런 무리 없이 업무가 돌아가도록 시스템이 갖추어졌다. 2022년 다시 출근을 준비했던 기업들은 오미크론이 유행하고 위드 코로나로 정책이 전환되면서 감염자 증가가 우려되어 다시 무기한 재택근무를 택하기도 했다.

대기업 손님들이 대부분인 직장인 상권에서, 재택근무가 장기화하면 타격이 클 수밖에 없는 구조였다. 우리 가게 역시 더 이상 버틸 수 없는 상황이 왔다고 판단되었다. 그래서 생존을 위해 다른 상권으로 이전해가기로 했다.

이번에 새로 시작하는 상권은 '주거지역 기반의 항아리 상권'으로 전형적인 동네 상권이다. 처음으로 캐주얼한 덮밥을 넘어서 내가 가진 노하우를 마음껏 풀어낼 수 있는 전문 요리점을 준비하고 있다.

지금까지 정말 안정적으로 돌아갔던 IT 상권에서 능력과 힘을 키운 나는 이제 '림 꼬또'라는 작은 배의 노를 다시 힘껏 젓기 시작했다. 거대한 IT 산업의 역군들이 운집한 폭풍의 눈 안에 있었을 때, 나는 그 누구보다 평온했다. 평온함 가운데 누릴 수 있는 안정감은 나로 하여금 편안하게 새로운 도전과 공부에 매진할 수 있는 여유로움을 주었다.

이제 나는 힘껏 노를 저어 태풍의 눈을 벗어나려 한다. 태풍의 눈을 벗어나려는 순간 몰려오는 강풍과 강한 비바람은 다시 태풍의 눈으로 나를 몰아넣으려 하겠지만, 태풍 바깥에는 더 넓은 세상이 있다는 것을 알기에 나는 다시 힘차게 노를 젓는다.

태풍의 눈 바깥으로 나가면 그때는 다시 하늘하늘 넘실거리는 파도에 '림 꼬또'라는 배를 온전히 맡길 것이다. 그저 흘러가는 대로 가다 보면 또 다른 모험과 마주하게 될 테니까.